Coordenação
EDUARDO DE ASSIS DUARTE

LITERATURA AFRO-BRASILEIRA

ABORDAGENS NA SALA DE AULA

2ª EDIÇÃO

Aline Alves Arruda
Cristiane Côrtes
Elisângela Aparecida Lopes
Fernanda Rodrigues de Figueiredo
Margarete Aparecida de Oliveira

Editoras
Cristina Fernandes Warth
Mariana Warth

Coordenação Editorial
Livia Cabrini

Coordenação Gráfica
Aron Balmas

Preparação de Originais
Eneida D. Gaspar

Produção Editorial
H+ Criação e Produções

Projeto Gráfico de Miolo e Diagramação
H+ Criação e Produções

Capa
Babilonia Cultura Editorial

D8121

Duarte, Eduardo de Assis

Literatura afro-brasileira: Abordagens na sala de aula | Eduardo de Assis Duarte. (coordenação) Rio de Janeiro: Pallas, 2014.

ISBN 978-85-347-0515-8

1. Literatura Afro-Brasileira. I. Título.

CDD 869.09

Pallas Editora e Distribuidora Ltda.
Rua Frederico de Albuquerque, 56 Higienópolis |
CEP 21050-840 | Rio de Janeiro, RJ
Tel. | Fax 21 2270-0186
www.pallaseditora.com.br
pallas@pallaseditora.com.br

LITERATURA AFRO-BRASILEIRA

ABORDAGENS NA SALA DE AULA

Rio de Janeiro, 2019
2ª edição, 1ª reimpressão

PALLAS

Sumário

APRESENTAÇÃO

DOIS LIVROS IRMÃOS

Este livro dá continuidade ao volume *Literatura afro-brasileira*: 100 autores do século XVIII ao XXI. Nasceu das mesmas inquietações e do mesmo projeto de levar a produção literária negra para as salas de aula, incluindo a nos processos de educação literária e de formação do hábito de leitura. Objetiva fornecer aos educadores ferramentas que os auxiliem no trabalho de apresentar a nossas crianças e jovens o segmento afro presente na vasta constelação de escritos que compõem a literatura brasileira em sua diversidade. A imagem da constelação aponta para o universo multifacetado que abriga tanto as transformações de nossa expressão literária ao longo dos séculos, como também as diferentes vozes – negras, brancas, indígenas, masculinas, femininas, entre outras – que, partindo de locais de cultura distintos, se põem a criar histórias e universos imaginados de acordo com o que lhes toca mais de perto. No céu da língua portuguesa que a todas abriga, brilham as estrelas feitas de palavras. Estrelas-textos sempre a preservar e enriquecer o idioma enquanto narram ao leitor não só a terra em que vivemos, mas aquelas outras em que gostaríamos – ou não – de viver.

O primeiro segmento traça um panorama da literatura afro-brasileira voltada para crianças e jovens através de um guia de autores e obras contendo dezenas de indicações por faixa etária, com todas as ressalvas que a questão exige. Tais sugestoes decorrem das leituras, discussões e experiências pedagógicas de todo o grupo, não sendo, portanto, assinadas individualmente. A maioria se faz acompanhar de pequena resenha com a súmula do enredo desenvolvido no livro.

O segundo segmento contém oito sequências didáticas voltadas para o Ensino Fundamental, do terceiro ao nono ano, elaboradas pelas pesquisadoras Margarete Oliveira e Fernanda Figueiredo. A educação propriamente literária começa pelas narrativas orais, em que pontificam personagens como Saci Pererê, até penetrar nos escritos afro-brasileiros em prosa e poesia, sempre com os cuidados necessários em termos de adequação ao nível de ensino e à faixa etária.

Já o terceiro segmento compõe-se de doze sequências didáticas destinadas ao Ensino Médio, fruto das experiências das pesquisadoras Aline Arruda, Cristiane Côrtes e Elisangela Lopes. Sem se descuidarem da periodização literária, que situa autores e obras no tempo e no espaço de sua realização, as atividades propostas vão além dos estilos de época ao fazerem a inserção dos textos no universo das relações intertextuais e intersemióticas. Isto permite comparar obras do século XIX a escritos contemporâneos, da mesma forma que inicia o jovem leitor no diálogo da literatura com a música, o cinema e demais artes.

Deste modo, *Literatura afro-brasileira*: abordagens na sala de aula dialoga a todo instante com *Literatura afro-brasileira*: 100 autores do século XVIII ao XXI, que o acompanha desde o nascimento, constituindo assim seu complemento em termos de reflexão aplicada ao aprendizado e à iniciação literária. Cada um em sua especificidade, podem eles atuar tanto isolada quanto conjuntamente no processo de ensino/aprendizagem. Nossa expectativa é que sejam úteis a estudantes e professores em suas incursões pelos meandros da beleza negra posta em palavras.

Eduardo de Assis Duarte

LEMBRETE SOBRE INCLUSÃO EDUCACIONAL E ADEQUAÇÃO À EDUCAÇÃO ESPECIAL

A Lei de Diretrizes e Bases da Educação Nacional – LDB, nº 9394/96 – determina que:

> Art. 58. Entende-se por educação especial, para os efeitos desta Lei, a modalidade de educação escolar, oferecida preferencialmente na rede regular de ensino, para educandos portadores de necessidades especiais.
>
> Art. 59. Os sistemas de ensino assegurarão aos educandos com necessidades especiais: I – currículos, métodos, técnicas, recursos educativos e organização específicos, para atender às suas necessidades.

Desta forma, cumpre adequar as atividades propostas nas sequências didáticas que virão a seguir às prescrições acima quanto à educação especial. Alguns exemplos:

Alunos com perda de visão
O professor deverá explorar recursos auditivos, de tato e olfato. Adaptar a leitura para o(s) aluno(s) dotados dessa especificidade procurando traduzir para outros códigos o mundo criado verbalmente nos livros. Nessa linha, procurar enriquecer a contação da história com efeitos sonoros (barulhos de chuva, pássaros, vozes de crianças, por exemplo), táteis (bonecas com cabelos lisos e crespos, areia, flores...) e olfativos (perfumes de flores, frutas e outros).

Alunos com perda auditiva e/ou intelectual
O professor deverá enriquecer o tópico com figuras e atividades performáticas para ilustrar as narrativas, poemas e conceitos.

Sites e Documentos

http://portal.mec.gov.br/— Secretaria de Educação Especial

www.braillevirtual.fe.usp.br/pt — Curso de Braille on-line pela USP

http://www.letras.ufmg.br/literafro/ — Dicas de práticas com ilustrações

1
LITERATURA AFRO-BRASILEIRA INFANTIL E JUVENIL

SUGESTÕES DE LEITURA

Este segmento apresenta brevemente um conjunto de escritores afro-brasileiros com obras destinadas aos públicos infantil e juvenil. Reúne desde nomes consagrados como Joel Rufino dos Santos, Júlio Emílio Braz ou Rogério Andrade Barbosa a autores menos conhecidos no âmbito do Ensino Fundamental e Médio, como Inaldete Pinheiro de Andrade e Edimilson de Almeida Pereira, entre outros. Traz ainda a contribuição de Heloisa Pires de Lima, Oswaldo Faustino e seu parceiro Aroldo Maciel — pais literários de Luana, a primeira heroína negra da literatura infantil brasileira —, além de Geni Guimarães, Madu Costa, Cidinha da Silva e Patrícia Santana, num arrolamento de dezenas de autores e autoras com publicações nas últimas décadas. Destaca-se ainda a presença de Mãe Beata de Yemonjá e de Mestre Didi, ambos reconhecidos guardiões das tradições religiosas de matriz afro-brasileira. Suas histórias remetem a um saber mítico ancestral e, nessa condição, funcionam como parábolas destinadas a leitores de todas as idades. Incluímos ainda escritores consagrados no tocante à literatura "adulta" ou em outras áreas do conhecimento, mas "novatos" em termos da produção voltada para crianças e jovens.

O objetivo é fornecer ao professor um pequeno guia a fim de auxiliá-lo na escolha dos livros a serem lidos e discutidos em sala de aula. As obras sugeridas passaram pelo crivo dos pesquisadores, tendo como critérios de escolha a qualidade textual na abordagem do universo afro-brasileiro, em termos históricos, culturais e sociais, bem como a adequação às faixas etárias do público-alvo. Cada autor recebeu um pequeno verbete com uma seleção de títulos ao final. O verbete procura não reduplicar informações constantes do Literatura afro-brasileira: 100 autores do século XVIII ao XXI, pois seu propósito é apresentar uma súmula dos textos mais significativos, com ênfase em temas e personagens. Procura ainda indicar nível de ensino e ano(s) em que melhor se enquadra cada um dos livros sugeridos, mas isso, é bom ressaltar, apenas como sugestão em caráter preliminar. Bem sabemos que ninguém melhor do que o professor para decidir a leitura mais adequada a cada uma de suas turmas. Nosso intuito é, enfim, contribuir auxiliando-o a enfrentar o desafio nada desprezível de motivar os estudantes para a fruição do texto literário e assim introduzir o hábito de leitura imprescindível para uma boa formação.

Os autores

Joel Rufino dos Santos

Joel Rufino dos Santos é autor de vasta obra, em que despontam estudos de relevo sobre o processo histórico brasileiro, ao lado de romances e narrativas para crianças e jovens. Para o autor, são muitos os pontos de contato entre os textos historiográfico e ficcional, a começar pela instância do narrador — voz que conta a história a partir de uma visão de mundo específica, com seus valores e convicções.

Seus livros infantis e infantojuvenis deixam à mostra o quanto o historiador e o ficcionista estão próximos. Sua biografia de Zumbi dos Palmares é um clássico recheado de ações dignas dos melhores romances. E mesmo elementos propriamente factuais ganham leveza e fluência só encontradas dentre os bons contadores de histórias, o mesmo ocorrendo com o volume *Abolição*. Outro exemplo é *Na rota dos tubarões*, em que discute a invisibilidade do negro e o mito da democracia racial brasileira como ponto de partida para uma grande aula sobre as antigas civilizações africanas, o processo de colonização e o tráfico negreiro que trouxe milhões de pessoas para as Américas. Tudo isso numa linguagem que prende a atenção e diverte enquanto ensina. Já *Quando eu voltei tive uma surpresa* reúne cartas trocadas entre Joel e seus filhos enquanto o autor estava preso por motivos políticos durante a ditadura militar. Além de comovente relato das memórias do cárcere, o livro transborda sentimentos vividos pelo autor e seus entes queridos, distantes fisicamente, mas próximos pela afetividade que os une. Os títulos mencionados são indicados para os últimos anos do Ensino Fundamental e também para o Ensino Médio.

Por sua vez, *Gosto de África* reúne sete narrativas curtas, em que se conta desde lendas africanas consagradas na cultura de países como Egito e Mali até estórias brasileiras em que realidade e ficção se misturam: "O filho de Luísa", sobre Luísa Mahin e Luiz Gama, "Bumba meu boi", sobre as origens do popular folguedo, entre outras. Nessa linha, *Dudu Calunga* traz para as crianças muito do folclore afro-brasileiro. Ambos os títulos atendem aos anos intermediários do Ensino Fundamental.

Sugestões:
Quatro dias de rebelião. Rio de Janeiro: José Olympio, 1980.
O soldado que não era. 7ª ed. São Paulo: Editora Moderna, 1983.
Zumbi. 7ª ed. São Paulo: Moderna, 1985.
Dudu Calunga. São Paulo: Ática, 1986.
Rainha Quiximbi. São Paulo: Ática, 1986.
Abolição. Rio de Janeiro: Record, 1988.
Gosto de África. São Paulo: Global, 1998.
Quando eu voltei tive uma surpresa. Rio de Janeiro: Rocco, 2000.
Na rota dos tubarões. Rio de Janeiro: Pallas, 2008.

Júlio Emílio Braz

Um mais produtivos autores infantojuvenis contemporâneos, Júlio Emílio Braz tem perto de duzentos livros publicados, em diversas vertentes. Uma delas focaliza passagens e figuras históricas como Zumbi dos Palmares e Luiz Gama ou ainda os "liberteiros" do Ceará, que fizeram a abolição em 1884, quatro anos antes do restante do país. Outra apresenta traduções de narrativas orais africanas, outra trata do fim da inocência infantil e dos impasses do crescimento. Porém, a que mais se destaca caracteriza-se pela postura realista ao tratar de temas sociais como o racismo e a infância abandonada.

Na cor da pele segue a linhagem realista e trata da questão racial no Brasil enfocando-a a partir de um jovem afrodescendente em crise de identidade, que conta em primeira pessoa o sofrido processo de assumir-se como tal, já que filho de pai negro e mãe branca. Chamado muitas vezes de "moreninho", não entendia bem a razão: "Por que as pessoas tinham tanto medo de dizer ou pelo menos de constatar que eu era negro?" (2005, p. 18). Ao longo do texto, o narrador vai descobrindo o quanto o preconceito de cor está introjetado em seu pensamento, o que o faz sofrer e ter vergonha de si mesmo e de seus familiares. Indicado para o 8º e 9º anos do Ensino Fundamental.

Já *Felicidade não tem cor* conta a história de Fael, menino negro discriminado na escola e que deseja tornar-se branco para pode escapar das piadas e apelidos racistas que o atormentam. O curioso é que a voz que narra é a de uma boneca negra que vivia encostada no armário de brinquedos, já que nem mesmo as meninas negras queriam brincar com ela. O final é surpreendente. Indicado para o 6º e o 7º anos do Ensino Fundamental. Há ainda outras obras provocadoras, que podem render boas discussões em sala de aula, como *Pretinha, eu?*, *Pivete*, *Crianças na escuridão*, *Na selva do asfalto* ou *Aparências e outras cenas do cotidiano*, indicadas para os últimos anos do Ensino Fundamental.

Sugestões:

Luis Gama, de escravo a libertador. São Paulo: FTD, 1991.
Pivete. São Paulo: Editora do Brasil, 1991.
Breve crônica de liberdade. Rio de Janeiro: Ao Livro Técnico, 1994.
Felicidade não tem cor. São Paulo: Moderna, 1994.
Liberteiros: a luta abolicionista no Ceará. São Paulo: FTD, 1994.
Na selva do asfalto. São Paulo: Moderna, 1994.
Zumbi, o despertar da liberdade. Rio Janeiro: Memórias Futuras, 1995.
Pretinha, eu? São Paulo: Scipione, 1997.
Na cor da pele. Rio de Janeiro: José Olympio, 2000.
Lendas negras. São Paulo: FTD, 2002.
Crianças na escuridão. São Paulo: Moderna. 2003.
Lendas da África. Rio de Janeiro: Bertrand Brasil Editora. 2005.
Sikulume & outros contos africanos. Rio de Janeiro: Pallas, 2005.
Aparências e outras cenas do cotidiano. Rio de Janeiro: Pallas, 2007.

Rogério Andrade Barbosa

Com dezenas de livros publicados, Rogério Andrade Barbosa é um dos mais produtivos escritores da literatura infantojuvenil contemporânea. Detentor de vários prêmios, grande parte de sua obra dialoga com mitos, lendas e contos presentes na rica e diversificada tradição oral do continente africano.

Em *Como as histórias se espalharam pelo mundo*, o autor recria uma lenda do povo Ekoi, da Nigéria, sobre o *griot* — tradicional contador de histórias e guardião do saber transmitido de geração para geração. O herói é um ratinho que percorre culturas e países diversos ouvindo e guardando na memória suas histórias para transformá-las em fios de tecido colorido que se espalham mundo afora levados pelo vento. O animal metaforiza não só o narrador viajante que escuta e reconta, mas o próprio Rogério, *griot* moderno a visitar o acervo da oralidade africana para traduzi-lo ao leitor iniciante.

Nessa linha, *Uma ideia luminosa*, reescrita de um reconto da Eritreia, abre-se com a epígrafe "O tolo despreza as instruções do pai, mas o que respeita suas palavras é prudente". Na narrativa, um velho já doente testa a inteligência e a disposição de seus filhos dando a eles umas poucas moedas a fim de que comprassem algo útil para ele. Ao final, o caçula supera os irmãos. Indicação: 3º e 4º anos do Ensino Fundamental.

Já *Em angola tem? No Brasil também!*, um menino de Salvador e outro de Luanda se põem a descobrir os pontos em comum existentes entre as duas cidades, ambas de população majoritariamente negra. Surgem então elementos musicais, religiosos e comportamentais que evidenciam a presença africana em nossa cultura. Por sua vez, *Madiba, o menino africano* conta a história do líder Nelson Mandela, responsável pelo fim do *apartheid* e por conduzir seu país a um regime democrático em que brancos e negros têm os mesmos direitos e deveres. Indicação: 4º e 5º anos do Ensino Fundamental.

Sugestões:

Bichos da África I e II. São Paulo: Melhoramentos, 1987.
Bichos da África III e IV. São Paulo: Melhoramentos, 1988.
Sundjata, o príncipe leão. Rio de Janeiro: Agir, 1995.
Viva o boi bumbá. Rio de Janeiro: Agir, 1996.
Duula: a mulher canibal, um conto africano. São Paulo: DCL, 2000.
Histórias africanas para contar e recontar. São Paulo: Ed. do Brasil, 2001.
Como as histórias se espalharam pelo mundo. São Paulo: DCL, 2002.
Contos africanos para crianças brasileiras. São Paulo: Paulinas, 2004.
Irmãos Zulus. São Paulo: Larousse, 2006.
Os gêmeos do tambor: reconto do povo massai. São Paulo: DCL, 2006.
Outros contos africanos para crianças brasileiras. São Paulo: Paulinas, 2006.
Uma ideia luminosa. Rio de Janeiro: Pallas, 2007.
Em Angola tem? No Brasil também! Rio de Janeiro: FTD, 2010.
Madiba, o menino africano. São Paulo: Cortez, 2011.

Inaldete Pinheiro de Andrade

Natural da cidade de Parnamirim (RN), possui intensa ligação com o movimento negro da região. Sua coleção Velhas histórias, novas leituras é formada por cinco livros que trazem ao pequeno leitor a história e a simbologia de certas práticas culturais afro-brasileiras. *A barriguda que é um baobá* é o primeiro livro da coleção. A beleza da árvore de origem africana e sua importância para as pessoas do bairro em que se passa a pequena narrativa é retratada de forma simples e bem-ilustrada. Em *Eu, o coco*, a história do ritmo é contada através do olhar sobre a fruta, em que o narrador traça de forma divertida o surgimento e a evolução dessa dança. Assim como o último livro citado, o *Maracatu de real realeza* apresenta de maneira simples e interessante o nascimento e a evolução dessa manifestação popular afro-brasileira. No livro *A menina capoeira*, uma garota enfrenta a resistência dos pais quando decide que quer aprender a jogar capoeira. Tem-se então uma discussão sobre as mudanças trazidas pela puberdade e o preconceito de gênero. A capoeira também aparece em *Biriba Berimbau*, porém de outra forma: o processo de produção do berimbau é o protagonista do texto. Essa coleção é recomendada para alunos do 4º e 5º anos do Ensino Fundamental.

Os livros da série Produção Alternativa apresentam como tema principal a tradição oral. Com a inserção de mitos e da própria figura do contador de histórias como dono da palavra nos textos, temos o resgate da identidade cultural de um povo, e é isso que ocorre em *A calunga e o maracatu*, *Cinco cantigas para você contar* e *Pai Adão era nagô*. Os textos criam pontes entre o leitor e a memória ancestral africana. A série é destinada à faixa etária de 9 a 11 anos. *Baobás de Ipojuca* segue na mesma linha de valorização de elementos de origem afro e traz como tema a significação existente em torno do baobá, árvore africana. A narrativa é indicada para alunos do 6º e 7º anos. Sugerimos ainda ao professor a leitura de *Racismo e anti-racismo na literatura infantojuvenil*, que apresenta aspectos-chave referentes à identidade afrodescendente.

Sugestões:

Cinco cantigas para você contar. Recife: Produção Alternativa, 1989.
Pai Adão era nagô. Recife: Produção Alternativa, 1989.
A calunga e o maracatu. Recife: Prefeitura. Secretaria de Cultura, 2007.
Baobás de Ipojuca. Recife: Bagaço, 2008.
A barriguda que é um baobá. Recife: Ed. do Autor, 2010. Coleção Velhas histórias, novas leituras; 1.
Eu, o coco. Recife: Ed. do Autor, 2010. Coleção Velhas histórias, novas leituras; 2.
A menina capoeira. Recife: Ed. do Autor, 2010. Coleção Velhas histórias, novas leituras; 3.
Maracatu de real realeza. Recife: Ed. do Autor, 2010. Coleção Velhas histórias, novas leituras 4.
Biriba Berimbau. Recife: Edição do Autor, 2010. Coleção Velhas histórias, novas leituras; 5.

Edimilson de Almeida Pereira

Pesquisador, professor e crítico literário, Edimilson de Almeida Pereira escreve tanto para o público adulto quanto para o infantojuvenil. Sua poesia é reconhecida pela extrema qualidade no trato com a palavra e os signos pesquisados tanto nas tradições afro-brasileiras quanto na tradição poética mundial. Seus textos dedicados a crianças e jovens são criados seguindo o mesmo esmero com que escreve para leitores mais experientes. Os livros possuem ilustrações que acompanham a qualidade dos textos.

Rua Luanda é um exercício de imaginação e memória. Há referências às tradições das culturas do grupo banto e personagens da história de resistência cultural, como Tia Ciata ou, ainda, de pessoas apenas imaginadas no processo de criação da narrativa contada em forma de verso, não necessariamente rimada e temperada com ritmo bem particular. O poema narrativo que dá título ao livro traz perguntas que estimulam a pensar em que cidade ou país ficaria essa rua e que, ao mesmo tempo, pode ser localizada na imaginação de cada leitor(a) que se aventurar por essas páginas. Outros textos no livro partem diretamente da tradição africana, como é o caso de "Olafala". Nessa história-poema temos dois irmãos: Olafala, o mais velho, que possui poderes mágicos, e o caçula Afolabi (nascido na prosperidade, em iorubá). Assim, há o jogo do encantamento provocado no irmão mais novo pela vontade de utilizar e exercitar constantemente o dom da palavra pelo irmão mais velho.

Os livros do autor destinados ao público infantojuvenil recuperam as matrizes culturais afro-brasileiras e africanas, aliando a construção da narrativa oral à palavra escrita, estimulando o estudante a valorizar tais formas de registro da memória e, ao mesmo tempo, de introdução ao mundo da criação artística. Um bom exemplo é *Os comedores de palavras*, indicado para os anos iniciais do Ensino Fundamental, bela história sobre a arte de contar histórias e verdadeiro hino à figura do *griot*. Ao final, o livro contém exercícios de reflexão e estímulo à criatividade do leitor iniciante.

Sugestões:
Cada bicho em seu canto. Juiz de Fora: D'Lira, 1998. (poesia)
O menino de caracóis na cabeça. Belo Horizonte: Santa Clara, 2001. (prosa)
Coleção Bilbeli. Juiz de Fora: Franco Edit., 2001-2003. Coautoria com Prisca Agustoni. (prosa)
O primeiro menino. Juiz de Fora: Franco Editora, 2003. (poesia)
Os comedores de palavras. Belo Horizonte: Mazza, 2004. Coautoria com Rosa Margarida de Carvalho Rocha.
Os reizinhos de Congo. São Paulo: Editora Paulinas, 2004. Coleção Árvore falante.
Histórias trazidas por um cavalo-marinho. São Paulo: Paulinas, 2005.
O congado para crianças. Belo Horizonte: Mazza, 2006.
Rua Luanda. São Paulo: Paulinas, 2007.

Mestre Didi

Deoscóredes Maximiliano dos Santos — conhecido como Mestre Didi — é um dos veteranos da literatura afro-brasileira. "Sacerdote-artista", nascido e criado na Bahia, cultor das fontes imemoriais e guardião dos mistérios inerentes à ancestralidade do seu povo, figura entre os grandes expoentes das tradições negras no Brasil. Para se compreender suas narrativas, faz-se necessário estar atento à oralidade e à multifacetada herança religiosa africana. Como alguém que escuta e passa adiante, Mestre Didi não é autor, em sentido estrito do termo, das histórias que conta, mas sim um retransmissor da memória cultural oriunda da tradição, que também se faz presente nas esculturas por ele produzidas.

Na obra *Contos negros da Bahia e Contos de nagô*, os enredos, em sua grande maioria, estão impregnados pelo imaginário mágico-religioso das tradições afro-brasileiras. Um belo exemplo desse universo é a narrativa "Orixá Ibeji, Cosme e Damião", na qual se nota o sincretismo religioso e a presença da própria tradição oral — manifestada na voz de Caetana, uma senhora de "idade bastante avançada", filha de africanos. A personagem, e também o narrador, constroem um painel exuberante das culturas da África ancestral e de sua difusão nos territórios brasileiros, sobretudo no baiano. Mestre Didi, narrador desse conto, após terminar a leitura do livro *Os velhos marinheiros*, de Jorge Amado, e sair para o trabalho, recorda-se que é dia 27, portanto data de comemoração de São Cosme e São Damião. Xangô, Exu, Yemanjá, Ogum, Ibeji, Oxalá e Oxumaré são os orixás mais retratados nos contos de Mestre Didi.

Há, ainda, a presença das fábulas — de cunho nitidamente moralizante e educativo — em que os animais praticam o bem e o mal, sendo punidos conforme os seus atos. Elas terminam sempre com uma lição de moral, como a expressa no conto "O macaco e a onça", presente em *Contos negros da Bahia e Contos de nagô*. Por essa razão, Mestre Didi é acima de tudo um *griot* — um sábio narrador que difunde os conhecimentos de seu povo, expressos em mitos e lendas, transmitindo-os de geração em geração. Apesar agradarem a leitores de todas as idades, seus textos são indicados aos anos iniciais e intermediários do Ensino Fundamental.

Sugestões:
Contos negros da Bahia. Rio de Janeiro: Editora GRD, 1961.
Contos de nagô. Rio de Janeiro: Editora GRD, 1962.
Contos crioulos da Bahia, narrados por Mestre Didi. Petrópolis: Vozes, 1976.
Contos de Mestre Didi. Rio de Janeiro: Codecri, 1981.
Contos negros da Bahia e Contos de nagô. 2ª ed. Salvador: Corrupio, 2003.
Porque Oxalá usa ekodidé. Rio de Janeiro: Pallas, 2007.

Oswaldo Faustino e Aroldo Macedo

Oswaldo Faustino é jornalista, escritor e ator. Participou do programa infantil *TV da Gente*, interpretando Tio Bah, um velho contador de histórias que morava num baobá. Aroldo Macedo é escritor e criador, entre outros, da série em quadrinhos *Luana e sua turma*, com as aventuras da primeira heroína negra de nossa literatura infantil.

O primeiro livro da parceria é *Luana, a menina que viu o Brasil neném*. Nele, a pequena — com o auxílio de seu berimbau mágico, que lhe propicia viagens pelo tempo e espaço — volta ao ano de 1500 para narrar o momento exato em que os primeiros navios lusitanos aportaram em terras tupiniquins e, a partir disso, refletir sobre os pilares de formação do mosaico cultural brasileiro. Em seguida, a dupla publica *Luana, as sementes de Zumbi*, no qual a heroína se volta para um dos maiores símbolos da luta negra no Brasil e apresenta o quilombo e seu líder num "Palmares sem segredo".

Já em *Luana, capoeira e liberdade*, ela é a pequena e habilidosa capoeirista que sai em busca de um berimbau perdido. Nesse passeio, recupera importante capítulo da história de seu povo, voltando-se para a luta que — além de símbolo cultural — fora importante instrumento de resistência dos negros, inclusive tendo sua prática proibida. Em sintonia com os demais títulos, *Luana, asas da liberdade* apresenta outro *tour* da esperta menina por momentos importantes em nossa história. Nessa narrativa, ela entra em contato com o sofrimento de seus antepassados africanos que foram trazidos ao Brasil a partir do século XVI e, com isso, recria o caminho tortuoso que culminou na abolição da escravatura.

Além dos livros, os autores trazem a pequena para a coleção de revistas em quadrinhos Luana e sua turma. Eles defendem o meio ambiente e valorizam a diversidade étnico-cultural, sempre com a difícil tarefa de derrotar vilões como o "Terrível Fumaça Mortal" e seus atrapalhados capangas. Destacam-se os números *A casa mal--assombrada* e *O terrível fumaça mortal ataca novamente!*. Luana, uma menina esperta, adora livros, mora num antigo quilombo chamado

Cafindé e tem como sua principal luta a defesa da história e da cultura de seu povo e de seu país. Com linguagem e enredo simples — mas nem um pouco ingênuos —, os títulos são adequados para as primeiras séries do Ensino Fundamental.

Sugestões:
Luana, a menina que viu o Brasil neném. Coautoria: Aroldo Macedo. São Paulo: FTD, 2000.
Luana e as sementes de Zumbi. Coautoria: Aroldo Macedo. São Paulo: FTD, 2007.
Luana, capoeira e liberdade. Coautoria: Aroldo Macedo. São Paulo: FTD, 2007.
Luana e as asas da liberdade. Coautoria: Aroldo Macedo. São Paulo: FTD, 2010.

Heloisa Pires Lima

A escritora, educadora e antropóloga Heloisa Pires Lima afirma sempre que sua aproximação com a literatura se deu quando constatou a ausência ou inadequação de personagens negras no universo das letras, seja na poesia ou na ficção. Esse fato colaborou para que sua obra se dedique, em grande parte, à construção da identidade das crianças e adolescentes afrodescendentes, já que uma temática recorrente em seus livros é a retomada e a valorização da cultura negra.

De forma lúdica, Heloisa Lima apresenta à criança o universo das lendas africanas. Seus livros trazem histórias de princesas e crenças de povos da África, bem como retratam a paisagem colorida pelas diferentes etnias e culturas do continente africano. Em 2004, coordenou a coleção O pescador de histórias, cujo primeiro título foi *O espelho dourado*. A obra, que habita o mundo do mito, traz à luz a crença africana de etnia *achanti*, que narra a origem do homem. Já *A semente que veio da África* reúne três lendas sobre o baobá, árvore que pode viver até seis mil anos e que possui grande importância no imaginário cultural e literário dos povos da Costa do Marfim e de Moçambique, entre outros. Ainda nessa vertente, é coautora de *Lendas da África moderna*, no qual a arte e os *griots* do noroeste africano, além das figuras de Nelson Mandela e Wangari Maathai, são protagonistas de quatro narrativas.

É autora também de *Histórias da Preta*, um compêndio que aborda vários aspectos da história de construção da identidade de uma menina negra, a protagonista Preta. Além de recontar a trajetória dos povos africanos no Brasil, Lima traz para dentro da narrativa a discussão de conceitos importantes, como etnia, e de problemas que assolam a comunidade negra brasileira, como o racismo. A obra vem sendo adotada por inúmeras escolas públicas e particulares e recebeu os prêmios José Cabassa e Adolfo Aizen (1999/UBE), além de ter sido selecionada para o Brazilian Book Magazine (1999/FBN-FNLJ) divulgado na Feira do Livro de Bolonha. As obras citadas são leituras indicadas para os anos iniciais e intermediários do Ensino Fundamental.

Sugestões:
Histórias da Preta. São Paulo: Cia. das Letrinhas, 1998.
O espelho dourado. São Paulo: Peirópolis, 2003.
A semente que veio da África. São Paulo: Salamandra, 2005.
Lendas da África moderna. Coautoria com Rosa M. T. Andrade. São Paulo: Elementar, 2010.

Mãe Beata de Yemonjá

Beatriz Moreira Costa — Mãe Beata de Yemonjá —, sacerdotisa do candomblé e escritora, descende de africanos oriundos da cidade de Ketu e, desde seu nascimento, na Bahia, vive cercada pelos mitos e ensinamentos das religiões afro-brasileiras. Porta-voz de toda uma tradição de saberes, seus livros são o registro de narrativas que remetem a civilizações nas quais a palavra falada é de fundamental importância. Tal fato é ressaltado na saudação dos *griots* citada por Dilma de Melo Silva no prefácio de *Histórias que minha avó contava*: "não é de minha boca, é da boca de A que o deu a B que o deu a C, que o deu a D que o deu a E, que o deu a F, que o deu a mim, que o meu esteja melhor na minha boca que na dos ancestrais."

Caroço de dendê: a sabedoria dos terreiros — como ialorixás e babalorixás passam conhecimentos a seus filhos reúne alguns dos *ítans*, narrativas míticas originárias da diáspora negra nas Américas, que trazem consigo, além dos ensinamentos religiosos, uma vasta parcela do imaginário universal. Junto com histórias em que Exu, Ogum ou Xangô são personagens, o livro apresenta enredos em que o maravilhoso mundo dos contos de fada e das antigas fábulas se faz presente, como em "O bem-te-vi falador", "A astúcia do macaco", "A lagartixa sabida" ou "A desavença entre o cachorro e o gato", entre outros. Próximos do apólogo, são textos que encantam pela magia que coloca os animais pensando e agindo como se fossem humanos.

Por sua vez, *Histórias que minha avó contava* agrupa os "causos" ouvidos, não necessariamente nos terreiros, mas sobretudo nas rodas de crianças em torno dos mais velhos — pais, avós, tios e outros —, num costume antigo de séculos e que remonta às origens da civilização. Nesse contexto, surgem histórias oriundas de diversas fontes, como "A barata e o tacho de azeite", na qual está inserido o refrão "quem quer casar com a dona Baratinha, que tem dinheiro na caixinha". Em seus livros, Mãe Beata de Yemonjá, nos brinda com sua habilidade em narrar histórias. Seus contos, sejam eles de origem religiosa ou não, resgatam tradições cada vez mais esquecidas no mundo contemporâneo. Com isso, encantam leitores de todas as idades, embalados pela linguagem da experiente contadora de histórias. No âmbito escolar, são indicados para os anos intermediários do Ensino Fundamental.

Sugestões:
Caroço de dendê. 2ª ed. Rio de Janeiro: Pallas, 2002.
Histórias que minha avó contava. São Paulo: Terceira Margem, 2004.

Geni Guimarães

Geni Guimarães se destaca no contexto de "ressurgimento" da literatura negra ou afro-brasileira, mais consistente a partir dos anos 1980. Além de poeta e performer, está entre as primeiras a reprocessar criativamente o legado narrativo de Carolina Maria de Jesus — escritora negra que conquistara visibilidade nacional nas décadas anteriores e que sempre esteve entre os livros de cabeceira de Geni. Em seu premiado *Leite do peito*, ela assimila e supera com muito esmero a autora de *Quarto de despejo* ao mesclar a memória com a invenção.

Em vez do diário, com seu perfil explicitamente autobiográfico, a ficção — em que o dado cru da lembrança surge reescrito por alguém que vê o passado com os olhos no presente e, quiçá, no futuro.

Esse olhar é, pois, seletivo, escolhe passagens memoráveis de infância e puberdade para recriá-las dando-lhes ritmo e sabor de história bem contada. E elas são muitas, emocionam e vão da primeira infância aos arroubos da adolescência. Denominadas "contos", funcionam muito bem como tal — *short stories* de enredos curtos, com princípio, meio e fim em poucas páginas. Por outro lado, feito fios que se enovelam, vão se entrelaçando ao longo do livro, compondo um painel de vida, experiência criadora em que os personagens "pulam" de um conto para outro tecendo aos poucos a narrativa maior.

Assim, o texto cresce junto com a personagem. Navega ao seu lado pelo universo de pobreza e discriminação onde a menina é só um exemplo. Essa relação entre a parte e o todo — entre o indivíduo, com sua interioridade, e a sociedade, que coloca os afrodescendentes em situação subalterna — é encenada no texto em diversos momentos. Esses laivos de memória — verdadeira *e* inventada — transformam-se, pois, em verdadeira literatura, fruto de leituras e releituras e do trabalho com o texto. A "vida de menina", presente em *Leite do peito*, dialoga com toda uma "escrita do eu" feminina e moderna, típica do século XX, ao mesmo tempo que o faz com o memorialismo de Carolina Maria de Jesus, sabedora de que todas têm antecessoras na arte ancestral das narradoras africanas. Toca, por isso mesmo, em questões da maior relevância, como o preconceito e a discriminação de que são vítimas os afrodescendentes desde os tempos da escravidão. Indicado para os últimos anos do Ensino Fundamental.

Sugestões:

Leite do peito. Contos. Belo Horizonte: Mazza, 2001.
A dona das folhas. Aparecida: Santuário, 1995.
O rádio de Gabriel. Aparecida: Santuário, 1995.
Aquilo que a mãe não quer. Barra Bonita: Ed. da Autora, 1998.

Madu Costa

Educadora e contadora de histórias, Madu Costa trata a afro-brasilidade de várias formas em suas obras. Em *Koumba e o tambor diambê*, da coleção Griot mirim, apresenta a história de Koumba, um menino que toca em seu tambor a música da liberdade racial. O garoto se utiliza da música ancestral africana para quebrar as correntes do preconceito. O livro possibilita uma boa discussão sobre a diversidade cultural e o respeito às diferenças.

Já *Cadarços desamarrados* traz como protagonista uma criança sonhadora, Mariana. Os adultos que a acompanham na história sempre a alertam sobre seus cadarços desamarrados. A imagem recorrente do calçado é uma metáfora do mundo da menina, guiado pela imaginação. Assim como sua mente voadora, seus pés não estão presos. O texto propõe uma possibilidade de harmonização entre o se desprender e o lidar com a realidade de uma forma que haja espaço para sonhar.

Por outro lado, em *Meninas negras*, três garotas que têm orgulho de sua cor e imenso interesse pela memória dos povos vindos da África mostram ao pequeno leitor a importância de reviver e valorizar a tradição. A riqueza do passado ancestral está guardada na memória, é um saber a preservado como transmissão de conhecimento. Os três títulos mencionados são adequados ao 3º e 4º anos do Ensino Fundamental.

A caixa de surpresa traz a jornada do menino Victor em busca de um presente especial para sua professora. O texto associado a belas ilustrações, assim como os outros trabalhos de Madu, quer trabalhar a identidade afrodescendente junto ao imaginário infantil. Esse livro é indicado para alunos do 3º ano do Ensino Fundamental.

Lápis de cor, por sua vez, apresenta Luan, um menino consciente e preocupado com a preservação da natureza, que resolve se posicionar contra os cortes de árvores em sua rua. A questão central ultrapassa a tentativa de conscientização da criança leitora sobre assuntos referentes ao meio ambiente e quer mostrar, também, a importância das iniciativas próprias. A pequena narrativa é indicada à faixa etária de 9 a 10 anos.

Sugestões:
A janta da anta. Belo Horizonte: Ed. Imprensa Nacional, 2000.
Koumba e o tambor diambê. Belo Horizonte: Mazza, 2006.
Meninas negras. Belo Horizonte: Mazza, 2006.
A caixa de surpresa. Belo Horizonte: Nandyala, 2009.
Cadarços desamarrados. Belo Horizonte: Mazza, 2009.
Lápis de cor. Belo Horizonte: Nandyala, 2012.
Zumbi dos Palmares em cordel. Belo Horizonte: Mazza, 2012.

Sonia Rosa

Professora, pedagoga e especialista em história e culturas africanas, Sonia Rosa figura dentre as mais produtivas escritoras infantojuvenis contemporâneas, com dezenas de livros publicados. Somente na coleção Lembranças africanas, destinada a leitores recém-alfabetizados, são cinco títulos — *Capoeira*, *Maracatu*, *Jongo*, *Feijoada* e *O tabuleiro da baiana* —, todos ricamente ilustrados e marcados por uma linguagem cheia de poesia e destinada a encantar e despertar a curiosidade das crianças para o nosso passado e para as muitas contribuições afrodescendentes à nossa vida cultural. Vejamos um exemplo do livro *O tabuleiro da baiana*: "acarajé, abará,/ canjica, caruru, mungunzá,/ pimenta e azeite de dendê para temperar/ No tabuleiro da baiana/ são tantos os quitutes/ que não consigo nem contar [...]" (Rosa, 2006). Além de apresentar à criança o rico acervo gastronômico de origem africana, a autora o faz de modo lúdico e apropriado aos primeiros passos do leitor mirim pelo universo da literatura.

Já *Abraços pra lá e pra cá!* defende a convivência e a amizade entre pessoas de idades, gêneros ou cores diferentes, sem que as palavras "negro" ou "branco" sequer apareçam no texto, que dialoga de forma inteligente com as belas ilustrações que o acompanham. É uma grande lição de amor e respeito ao próximo, indicada para os anos iniciais do Ensino Fundamental.

Quando a escrava Esperança Garcia escreveu uma carta parte de um fato histórico, ocorrido no Piauí durante o período colonial. Num primeiro momento, a personagem foi escrava de padres jesuítas, que a alfabetizaram e catequizaram. Mais tarde, devido a divergências políticas, os jesuítas foram expulsos de Portugal e de todos os seus territórios. Com isso, Esperança Garcia foi vendida a outro senhor e separada à força do marido e de dois de seus filhos. Inconformada com a situação e também com os maus-tratos sofridos, ela escreve, em 6 de setembro de 1770, uma carta dirigida ao governador da capitania pedindo para ser reintegrada à família. Consta ser essa a primeira petição escrita por uma escrava no Brasil e dirigida a uma autoridade. Sonia Rosa reproduz a carta, exalta a humanidade sensível da missivista, e recria o contexto que leva Esperança Garcia a escrevê-la, ao detalhar o cotidiano de mulheres, homens e crianças sob o domínio escravista. Adequado ao 5º e 6º anos do Ensino Fundamental.

Sugestões:
O menino Nito. Rio de Janeiro: Pallas, 2002.
Lembranças africanas. Rio de Janeiro: Pallas, 2006. [Coleção, 5 vol.]
Abraços pra lá e pra cá! Belo Horizonte: Nandyala, 2011.
Lindara. Belo Horizonte: Nandyala, 2009.
Quando a escrava Esperança Garcia escreveu uma carta. Rio de Janeiro: Pallas, 2012.

Martinho da Vila

Conhecido em todo o país como homem do samba e do carnaval, Martinho da Vila é escritor produtivo, contando até o momento com dez livros publicados, quatro deles ricamente ilustrados e voltados para crianças e jovens. O autor iniciou sua trajetória editorial em 1986 com *Vamos brincar de política?*, dentro da coleção Quem canta, conta. O título da série já revela o lugar múltiplo ocupado pelo autor e as muitas interseções por ele promovidas entre os universos da música e da literatura. O livro aponta para a necessidade de iniciar os leitores na compreensão da política como arte do bem comum. Indicado para os anos intermediários do Ensino Fundamental.

Já em *Vermelho 17*, Martinho da Vila escreve feito *griot* que revive e repassa experiências. E volta ao passado, narrando casos de um tempo que já se foi, porém cheios de ensinamentos verdadeiros e úteis nos dias de hoje. O tom que prepondera é leve e bem humorado, como o de uma conversa entre pessoas que se gostam e têm prazer em contar e ouvir histórias. No entanto, o livro não se exime de tocar em questões sérias, que exigem reflexão. Adequado aos anos finais do Ensino Fundamental.

A Rosa vermelha e o cravo branco tem como protagonista uma garota cheia de sonhos e ilusões, cujo nome dá título ao livro. No enredo, Rosa percorre dois universos aparentemente distantes, mas próximos no prazer, que provocam ao mobilizarem as fantasias que todos trazemos dentro de nós: o mundo dos livros e o do carnaval. Trata-se, pois, de uma garota que ama a ficção encontrada no texto escrito tanto quanto as alegrias e a descontração reinantes durante a festa mais popular de nosso país. Música e literatura se encontram nessa celebração da folia. Indicado para o 5º e o 6º anos do Ensino Fundamental.

Por fim, *A rainha da bateria* põe em cena Maria Luiza, garota apaixonada pela escola de samba localizada nas vizinhanças de onde mora. A menina tem de conviver com o luto, pois acaba de perder o pai, também ele um amante do carnaval, que a havia ensinado a gostar do samba e de tudo que o envolve. Proibida pela mãe, mesmo assim ela vai aos ensaios, deles participando até conseguir realizar seu grande desejo: ser eleita a rainha da bateria. Inspirado na composição "Deixa a Maria sambar", de Paulo Brazão, o livro é um hino de amor ao carnaval e agrada a leitores de todas as idades.

Sugestões:

Vamos brincar de política?. Rio de Janeiro: Global, 1986.
Vermelho 17. Rio de Janeiro: ZFM editora, 2007.
A Rosa vermelha e o cravo branco. Rio de Janeiro: Lazuli, 2008.
A rainha da bateria. Rio de Janeiro: Lazuli, 2009.

Édimo de Almeida Pereira

Os escritos de Édimo de Almeida Pereira voltados para crianças e jovens vêm se caracterizando pelo forte apelo poético embutido na linguagem de suas narrativas. O autor solta sua imaginação e apela à fantasia presente em todo ser humano, a fim de despertar em seus leitores o gosto pelo fantástico e o maravilhoso tão comuns nas lendas e contos de fada. Desse modo, seus personagens podem voar, como a menina Nikkè; ou figurarem como animais que pensam e falam, como a pequena rã que desobedece às recomendações dos mais velhos só para conhecer o sol. O autor dialoga com a tradição do contador de histórias, e nos faz lembrar o *griot* africano, que, inclusive, aparece como personagem em alguns de seus enredos.

Em *Contos de Mirábile*, Édimo de Almeida Pereira apresenta ao leitor uma cidade mágica, cujo nome dá título ao livro, e onde reside Quiseré, um menino músico que a todos encanta com sua flauta. E no momento de maior perigo, quando todos estão ameaçados por um ataque dos guerreiros de Elibarim, a flauta de Quiseré faz com que toda a população comece a cantar. A música forma uma bela nuvem colorida que impede o avanço dos soldados, encantados com a beleza do coro e da névoa que os faz recuar: "Assim foi até que o inimigo rendeu-se à beleza das cores de tantas palavras emaranhadas. Haviam sido invadidos por uma sensação de alegria que lhes era absolutamente desconhecida" (2007, s/p).

Esse é o tom predominante nas histórias do autor. Em "Luandy e a mãe dos pássaros", o herói recebe em sonhos apelos da natureza, personificada em bela figura feminina, para alimentar os colibris. E ensina que a água com açúcar pode substituir bem as sementes e o pólen das flores na alimentação dos beija-flores. Já Nikkè, menina negra, heroína do livro de mesmo nome, voa na cauda de um cometa, descansa na lua, mas está sempre presente em questões terrenas e humanas, como a fome que ameaça a vida de muita gente pobre. Assim, o cometa a transporta numa longa viagem pelos cantos da terra onde as pessoas não têm alimento. Nikkè não só oferece o que leva consigo, mas convence os produtores a distribuir um pouco do que têm para os que não têm nada. Ambos os livros são adequados aos anos iniciais do Ensino Fundamental.

Sugestões:

Sabugo, o porquinho que descobriu o sabonete. 2ª ed. Juiz de Fora: Franco, 2003.
O menino assentado no meio do mundo & outros contos. Juiz de Fora: Funalfa, 2004.
Contos de Mirábile. 2ª ed. Belo Horizonte: Mazza, 2007.
O telefone de latas. 2ª ed. São Paulo: Paulinas, 2010.
Nikkè. Belo Horizonte: Mazza, 2011.

Cidinha da Silva

A escritora Cidinha da Silva é graduada em História e, como consequência de sua trajetória de pesquisadora e militante no campo das questões étnicas e de gênero, fundou em 2005 o Instituto Kuanza. Teve também participação na ONG Geledés — Instituto da Mulher Negra. Sua produção literária iniciou-se com livros para o público adulto, com dedicação à crônica e ao conto, por vezes mesclando as duas formas textuais.

Os nove pentes d'África é seu primeiro livro infantojuvenil. A história é narrada a partir de um núcleo familiar cujo patriarca é um talentoso escultor e contador de histórias para os nove netos que herdam, além do gosto pela arte de ouvir e contar histórias, nove pentes que ajudam seus personagens a trabalharem suas experiências de vida: "Os pentes de dentes contadores de histórias o vô deixou para a gente, os nove netos" (2009, p. 7). A palavra que percorre o livro é ancestralidade, trançada na trama de toda a família personagem do livro. Indicado para o 6º e o 7º anos do Ensino Fundamental.

Em 2011, presenteia os leitores com dois títulos: *O mar de Manu* e *Kuami*. Nos mais recentes livros, a escritora continua a utilizar a voz narrativa que envolve seus leitores, como se a história estivesse sendo contada ali, ao vivo. Em *O mar de Manu*, apresenta aos olhares e ouvidos ávidos por histórias as aventuras de Manu, o garoto nascido na África — em local indefinido entre Mali, Níger e Burkina Faso —, que precisa reinventar o mar, da mesma forma que os negros e seus descendentes que vivem em Minas Gerais (especialmente os herdeiros da tradição das irmandades do Rosário). Indicado para o 3º e o 4º anos do Ensino Fundamental.

Já em *Kuami*, temos a trama tecida a partir da amizade de um elefantinho (personagem que empresta o nome ao título da história) e uma pequena sereia denominada Janaína. A aventura que une os dois tem como objetivo libertar a mãe de Kuami, raptada por fazendeiros. Como em seu primeiro livro para crianças, o leitor terá a oportunidade de conhecer elementos das tradições africanas e afro-brasileiras, a partir do transporte e da adaptação da técnica apurada dos tradicionais contadores de histórias para as vozes narrativas de seus textos. Indicado para o 3º e o 4º anos do Ensino Fundamental.

Sugestões:
Os nove pentes d'África. Belo Horizonte: Mazza, 2009.
Kuami. Belo Horizonte: Nandyala, 2011.
O mar de Manu. São Paulo: Kuanza, 2011.

Nei Lopes

Intelectual e artista de múltiplos talentos, Nei Lopes dedica-se não apenas à música, e, em especial, ao samba, mas também à poesia, à ficção e à pesquisa em diferentes campos do conhecimento — história, cultura, religião, filologia —, tudo isso com ênfase nas civilizações africanas transplantadas para o Brasil. Escritor prolífico, com mais de vinte livros publicados, inclusive dicionários e enciclopédias, nos últimos anos tem se voltado também para o público infantil e juvenil.

Em 2007, escreveu *O racismo explicado a meus filhos*, uma verdadeira aula em que percorre as origens do fenômeno desde a Antiguidade, para tratar de temas como a perseguição aos judeus em diversos momentos da História, o racismo científico que vigorou no século XIX e começos do século XX, o mito da superioridade racial ariana, o *apartheid* na África do Sul, a escravidão, e também a discriminação dissimulada vigente no Brasil sob o mito de que somos uma "democracia racial". O autor percorre todos esses fenômenos a fim de explanar, numa linguagem de fácil acesso, os males decorrentes da segregação racial: agressões, genocídio e outras formas de violência derivadas da não aceitação das diferenças étnicas e raciais.

Já em *Histórias do tio Jimbo*, Nei Lopes adere à ficção para crianças e jovens e constrói um simpático *griot* que se põe a contar ao sobrinho Dudu um pouco da história da África, no passado e no presente. Tio Jimbo se lembra de seus tempos de estudante, em que quase nada se falava dos líderes que defenderam seus países e comunidades durante as guerras e invasões dos colonizadores europeus. Assim, deseja fazer com que, no século XXI, seu sobrinho não fique alheio a essas informações, além de outras, relativas à escravidão e às lutas de resistência dos negros no Brasil e em outros países. Como se vê, é uma ficção com grande embasamento histórico. Indicado para os anos intermediários do Ensino Fundamental.

Seu livro infantojuvenil mais recente é *Kofi e o menino de fogo* e tem como cenário Gana, país africano que primeiro sofreu com a chegada dos colonizadores, no século XV. Certo dia, o ganense Kofi se aproxima de um menino europeu e, então, ambos têm de lidar com as diferenças culturais e ideias preconcebidas. O livro é uma grande lição de tolerância e respeito ao outro, caminho mais curto para um futuro de paz e harmonia entre os povos. Adequado aos anos intermediários do Ensino Fundamental.

Sugestões:
O racismo explicado aos meus filhos. São Paulo: Agir, 2007.
Histórias do tio Jimbo. Belo Horizonte: Mazza, 2007.
Kofi e o menino de fogo. Rio de Janeiro: Pallas, 2009.

Maurício Pestana

Maurício Pestana figura entre os mais destacados cartunistas brasileiros da atualidade, com trabalhos de relevo no campo das artes visuais. No entanto, o diálogo com a literatura esteve sempre presente em sua criação. Em 1993, por exemplo, publicou com o poeta Arnaldo Xavier o *Manual de sobrevivência do negro no Brasil*, em que se juntam poesia e desenho, crítica social e humor. Voltada para o leitor iniciante, a coleção Mãe África apresenta seis narrativas curtas baseadas na mitologia afro-brasileira que abordam de maneira instigante e lúdica os mais variados temas.

Em *Caçador popular*, o enredo é construído a partir do mito de dois orixás irmãos, Ogum e Oxóssi. Os dois têm grande amizade e admiração um pelo o outro, e acreditam no amor. Ogum é um guerreiro robusto, e Oxóssi é um caçador calmo e determinado. Após a apresentação dos orixás, a criança leitora é levada a Ifé, antigo reino africano, onde o mito se passa. Lá, as pessoas estão sendo atacadas por uma imensa ave que afugenta a todos e pousa sobre o palácio do rei. O rei ordena a diversos guerreiros que matem o pássaro gigante, mas eles nada conseguem. É então que surge Oxotokanxoxô, o caçador de uma flecha só, que não aparenta muita força, mas se mostra cheio de determinação. Os assistentes não acreditam na vitória e zombam sem parar. Contudo, o caçador popular estava bem preparado, pois sua mãe aprendera com um grande sábio o segredo de como eliminar a ave. Por fim, Oxotokanxoxô conseguiu seu intento, passou a ser chamado de Oxóssi e se tornou o orixá protetor dos animais.

Por sua vez, *Rainha das águas* retoma o mito de Iemanjá, divindade marinha e mãe dos orixás. E volta aos começos da vida na terra para colocar a entidade como criadora da lua e da noite, momento em que Orum, o Deus Sol, se recolhe: "A partir daí, enquanto o Sol descansava para recuperar as forças, a Lua reinava. Sua luz fria refrescava e fertilizava a terra, os homens e os animais" (2011, p. 16). Assim, por meio da apropriação de lendas e mitos ancestrais, os livros do autor promovem a valorização da cultura afro-brasileira e despertam nas crianças a consciência necessária à preservação da natureza e à utilização das potencialidades da fauna e da flora como bens pertencentes a todos. A coleção é recomendada para os anos iniciais do Ensino Fundamental.

Sugestões:
Caçador popular. São Paulo: Baú de Ideias, 2011. Coleção Mãe África.
Rainha das águas. São Paulo: Baú de Ideias, 2011. Coleção Mãe África.
Menino travesso. São Paulo: Baú de Ideias, 2011. Coleção Mãe África.
Valente guerreiro. São Paulo: Baú de Ideias, 2011. Coleção Mãe África.
Criador do mundo. São Paulo: Baú de Ideias, 2011. Coleção Mãe África.
Adorável menina. São Paulo: Baú de Ideias, 2011. Coleção Mãe África.

Iris Amâncio

Além de escritora e pesquisadora, Iris Maria da Costa Amâncio é professora universitária e editora. Participa de diversas iniciativas socioculturais e científicas, no Brasil e no exterior, voltadas para a inclusão racial, sobretudo no âmbito da educação. É autora de *África-Brasil-África*: matrizes, heranças e diálogos contemporâneos (2008) e de *Africanidades em letras* (2012), ensaios densos e consistentes destinados ao público universitário.

A ginga da rainha marca sua estreia na literatura infantojuvenil. Nele, a autora revisita a biografia de Njinga Mbande — a rainha Jinga —, personalidade angolana dos séculos XVI e XVII. O texto percorre lugares e fatos da história de Angola e focaliza a trajetória dessa líder que há séculos é reverenciada no imaginário afro-brasileiro como um forte símbolo de resistência ao domínio português. A narrativa se desenvolve através do diálogo da personagem Aninha, uma menina de 11 anos, com a empregada de sua casa, e aborda também costumes e tradições originárias da África presentes na religião, na música, na literatura e na cultura afro-brasileiras. O livro é acompanhado por CD-Rom interativo com atividades didáticas e educacionais para crianças e adolescentes e é recomendado a alunos do 5º e do 6º anos do Ensino Fundamental.

Já *A "verdadeira" história do Saci Pererê*, escrita em coautoria com Anderson Feliciano, traz uma instigante recolha das variantes orais de umas das lendas mais conhecidas do Brasil para questionar sua "verdade". O livro mostra um Saci bem-humorado e divertido, que dá uma "entrevista" para desmentir todas as "acusações" de que seja um diabinho malfeitor. Ao contrário, mostra-se uma criança que gosta de brincar, mas que também se dedica aos estudos e não deixa de fazer o "para casa". Indicado para o 3º e 4º anos do Ensino Fundamental.

A coleção África para crianças, por sua vez, é de grande valia durante o processo de aquisição e consolidação do letramento. Os dois volumes, com ilustração de muito bom gosto, transmitem conhecimento de forma lúdica e agradável para a criança e cumprem eficazmente o papel de textos introdutórios e motivadores de novas leituras.

Sugestões:
A ginga da rainha. Belo Horizonte: Mazza, 2005.
A "verdadeira" história do Saci Pererê. Coautoria com Anderson Feliciano. Belo Horizonte: Nandyala, 2009.
África para crianças. Belo Horizonte: Nandyala, 2007, vol. 1.
África para crianças. Belo Horizonte: Nandyala, 2007, vol. 2.

Anderson Feliciano

Professor, escritor e dramaturgo já por duas vezes premiado, Anderson Feliciano estreou, na literatura infantil em 2009, quando lançou, em parceria com Iris Amâncio, *A "verdadeira" história do Saci Pererê*. O livro retoma as diversas versões da lenda para refazer a imagem da personagem, tida no imaginário popular como figura maléfica. Além de colocá-lo como protagonista, o texto dá a palavra ao Saci para que ele afirme de própria voz: "As pessoas inventam um monte de coisas com meu nome. Ser celebridade cansa [...] Sinceramente, prefiro preservar minha intimidade, mas, como sou uma pessoa pública, decidi falar. Vocês precisam saber 'a minha verdade'[...]" (2009, p. 5). E assim o texto vai dialogando com as várias histórias envolvendo a figurinha de uma perna só e dando a ele a oportunidade de se defender de viva voz, em primeira pessoa. Dessa forma, humaniza o Saci e o coloca no mesmo patamar de qualquer criança que, vez por outra, comete alguma "travessura" para se divertir. Indicado para o leitor iniciante do 3º e 4º anos do Ensino Fundamental.

Seu segundo livro, *Era uma vez em Pasárgada*, realiza um bem-sucedido intertexto com o famoso poema de Manuel Bandeira a fim de trazer o espaço mágico, no qual todos os desejos humanos se realizam, para o universo infantil. João e Leo — um branco, outro negro — são amigos inseparáveis que gostam de brincar, ler e escrever. A novidade é que "seu Manuel mora na mesma rua do Leo. Os dois escrevem versos de papel" (2011, p. 6). Um dia, seu Manuel leva os dois meninos para conhecerem Pasárgada e lá eles se divertem e brincam com conhecidos personagens da literatura infantil: Pluft, Maribel e até um príncipe que vivia sozinho num planeta... Certos de que "as coisas precisam ser inventadas de verdade" (2011, p. 19), concluem que, "quando sonham, vão-se embora pra Pasárgada!" (2011, p. 20). Adequado ao 3º e 4º anos do Ensino Fundamental.

Sugestões:
A *"verdadeira história" do Saci Pererê*. Coautoria com Iris Amâncio. Belo Horizonte: Nandyala, 2009.
Era uma vez em Pasárgada. Belo Horizonte: Nandyala, 2011.

Patrícia Santana

Patrícia Santana, nascida em 1964, é mineira da capital. Professora da rede municipal de Belo Horizonte, atualmente dirige a Escola Municipal Florestan Fernandes. Segundo a autora, a palavra é elemento transformador da sociedade. Essa visão pauta a sua atuação literária, sempre comprometida com a defesa dos oprimidos. Talvez por isso a preferência pela abordagem da infância do negro brasileiro.

Em *Entremeio sem babado*, a pequena Kizzy, protagonista, é bastante ativa e curiosa. Sempre amiga de perguntar, certa vez se põe a pensar sobre a criação do universo e sobre a origem dos nomes das pessoas. Certa de que os nomes carregam potencial semântico, a pequena quer saber o sentido de seu nome e sua ligação com a cultura ancestral. A personagem descobre que Kizzy significa "aquela que fica e não vai embora" (2007, s/p) e se entende como uma criança desejada por uma família que luta contra o preconceito de cor. Kizzy e as demais crianças negras chegaram para marcar presença e visibilidade na sociedade do branqueamento. Indicado para o 3º e 4º anos do Ensino Fundamental

Em *Minha mãe é negra sim!* (2008), Santana focaliza a juventude do personagem Eno e alguns dilemas por ele vividos na escola. Num dos episódios de maior relevância, uma aula de educação artística, a professora solicita ao jovem que ele desenhe sua mãe em cor amarela. Contrariado, e após discutir o dilema com o seu avô, espécie de atualização do *griot* africano, Eno pinta o desenho de sua mãe em cor negra e o entrega à professora. A resposta do aluno à educadora, "agora sei lutar pela vida, cantar liberdade, gostar dessa cor" (2008, s/p) aponta para a internalização da consciência étnica afrodescendente por parte do protagonista. Indicado para o 5º e 6º anos do Ensino Fundamental.

Por sua vez, o terceiro livro de Patrícia Santana, *Cheirinho de neném*, narra a chegada de Abayomi, irmão mais novo de Iara. O livro propõe a diluição do ciúme entre irmãos e o orgulho da família em receber mais uma criança negra. Indicado para o 3º e 4º anos do Ensino Fundamental. Patrícia Santana é uma autora cuja obra está voltada para o universo infantil e juvenil negro, sem perder de vista a dimensão libertadora dessa faceta literária.

Sugestões:
Entremeio sem babado. Belo Horizonte: Mazza, 2007.
Minha mãe é negra sim!. Belo Horizonte: Mazza, 2008.
Cheirinho de neném. Belo Horizonte: Mazza, 2011.

Jorge Dikamba

Músico, historiador, pesquisador das culturas africanas e grande apreciador do livro e da leitura, o escritor Jorge Dikamba vem se revelando exímio contador de histórias para crianças e jovens. Além disso, é um dos gestores da "Borrachalioteca", em Sabará (MG), uma borracharia transformada em biblioteca e sala de leitura.

Assim começa *Amani*, seu primeiro livro: "Amani era um menino muito esperto. Levantava cedo, ordenhava as duas cabras da família e colocava o leite na talha, para juntar e fazer queijo. Também catava os frutos caídos da grande árvore que ficava ao lado da *cubata* e dava milho às galinhas, que eram muitas e levantavam bem cedinho, tão logo o sol dourava as folhas do velho *baobá*, no centro da aldeia" (2010, p. 5, grifos do autor). Assim, já desde o primeiro parágrafo, o leitor é transportado para uma aldeia africana de séculos atrás, com suas cubatas (casas) em torno do baobá, árvore grandiosa e secular típica daquele continente. Depois de cumprir suas obrigações, Amani se reunia à tarde com outras crianças na "Casa dos Anciãos", a escola da aldeia, e lá "aprendia de tudo um pouco". Seu pai era soldado do rei e vivia em missões distantes. Por isso, nada pode fazer quando um bando de "ladrões" atacou a aldeia e aprisionou a todos, deixando livres apenas velhos e crianças pequenas. No longo trajeto até o porto onde embarcaria para o Brasil, o garoto consegue escapar e voltar para casa. Porém nunca mais se esquecerá da mãe e dos amigos escravizados e vendidos como mercadoria. Desse modo, o livro toca num tema espinhoso pela própria natureza e o faz "de dentro", do ponto de vista dos que sofreram a opressão.

Já *A menina da cadeira*, conta a história de Joãozinho, menino que se muda com a família para uma cidade nova e desconhecida para ele. Na biblioteca local, conhece Luana, menina linda, mas que precisava de uma cadeira de rodas para se locomover. Logo ficam amigos e encontram Ariel, garoto cego, e Tatu, seu cão-guia. Ao ver as dificuldades que ambos tinham para se locomover, como a falta de rampas e de sinalização, Joãozinho lidera uma campanha na cidade com o objetivo de pressionar a Prefeitura a resolver tais problemas. Como se vê, a literatura infantil de Jorge Dikamba toca em questões delicadas, que levam a criança a refletir sobre o mundo e seus problemas — passados e presentes —, enquanto se diverte com uma leitura agradável. Ambos os livros se destinam ao 3º e 4º anos do Ensino Fundamental.

Sugestões:
Amani. Belo Horizonte: C/Arte, 2010.
A menina na cadeira. Belo Horizonte: Crisálida, 2011.

Renato Noguera

A coleção infantil Nana & Nilo, de Renato Noguera, é constituída por pequenas narrativas que buscam promover a valorização das culturas da África em meio às crianças. A partir das aventuras dos gêmeos que nomeiam os livros, o pequeno leitor é transportado para diversas áreas do continente africano, onde um mundo colorido e cheio de história lhe é apresentado. Em *Nana & Nilo: aprendendo a dividir*, temos um pequeno conflito entre Nana e sua prima Laila, pois a boneca preferida da protagonista é danificada durante uma brincadeira e ela se entristece com isso. Nesse momento, Gino — um passarinho verde, figura recorrente na coleção — aparece na janela e, diante da tristeza da menina, o animal vai até Mulemba — a árvore que leva os personagens dos textos para os mais variados lugares — e conta o que aconteceu. A espécie frutífera que aparece no texto é um símbolo muito importante na cultura africana, pois embaixo de suas imensas copas, os mais velhos contavam suas memórias ao seu povo, e nos livros não é diferente, a árvore é a porta-voz do tesouro da oralidade. Mulemba decide levar as crianças e o pássaro para um passeio pelo Kemet, forma como o Egito era chamado na época dos faraós. Através de um turbilhão fantástico, os personagens são levados para a antiguidade egípcia, onde encontram outras crianças e aprendem sobre a importância do trabalho em conjunto e sobre a divisão dos pertences de cada um.

Em *Nana & Nilo: Que jogo é esse?*, Nilo está triste, pois não consegue entender por que nos jogos com os amigos sempre um ganha e o outro perde. E então Mulemba, a mesma árvore mágica do livro anterior, leva o menino, sua irmã e Gino para uma viagem até Batwa — região dos Grandes Lagos Africanos —, onde os personagens conhecem crianças de diversos povos, brincadeiras especiais e aprendem que o mais importante durante as brincadeiras não é ganhar ou perder, mas se divertir. Ao retornarem para casa, Nilo chama seus amigos da vizinhança e lhes ensina as brincadeiras coletivas que aprendeu com as crianças de Batwa. Ambas as obras são indicadas para os anos iniciais do Ensino Fundamental.

Sugestões:

Nana & Nilo: aprendendo a dividir. Ilustrações Sandro Lopes. Rio de Janeiro: Hexis, 2012.

Nana & Nilo: que jogo é esse?. Ilustrações Sandro Lopes. Rio de Janeiro: Hexis, 2012.

Neusa Rodrigues e Alex Oliveira

Neusa Rodrigues nasceu no Rio de Janeiro, onde vive e trabalha como professora e pedagoga. Pós-graduada em Carnaval e Cultura, pesquisa as origens e o desenvolvimento de nossa mais famosa festa popular. Arquiteto e especialista em design, o também carioca Alex Oliveira nutre igual paixão pelo carnaval, objeto de suas pesquisas e de seus cursos na universidade. Além de comentarista e carnavalesco, atuou durante dez anos como Rei Momo oficial da cidade do Rio de Janeiro.

Neusa Rodrigues e Alex Oliveira são autores de dois livros infantis que trazem como tema o carnaval e, como protagonista, Tequinho, garoto nascido numa comunidade carioca onde a música dos afrodescendentes faz parte da história e do cotidiano. *Tequinho, o menino do samba*, mostra o personagem ainda bebê, mas já convivendo com o espírito do carnaval: "ele cresceu numa casa grande, cheia de janelas na sala, com um quintal na frente, por onde Tequinho via entrar e sair baianas... entrar e sair porta-bandeira... entrar e sair passistas e ritmistas..." (2009, p. 8-13). O texto dialoga com as belas ilustrações de Mello Menezes e, a cada página, elas vão mostrando a criança maior e mais alegre. Em seguida, entra em cena a bisavó, esposa de um dos fundadores da escola de samba, que funciona como grande elo a unir amigos, parentes e vizinhos. Ela conta como tudo começou, com a música e a feijoada aproximando os moradores na construção da agremiação, e segue o tom da voz narrativa: "Tequinho tem orgulho de pertencer a uma família de sambistas. [...] Ele toca tamborim na bateria da escola. Tequinho sonha um dia ser mestre de bateria e ver a escola da comunidade ser campeã" (2009, p. 25-32). Ao final, o livro contém um glossário explicativo do começo do carnaval moderno e dos principais componentes de uma escola de samba.

Tequinho e o ensaio da bateria traz o personagem já grandinho e aluno aplicado, colega de Ana Luísa. Após a aula, ele segue para o ensaio da bateria mirim, onde encontra os amigos e o mestre que irá comandar o exercício com seu apito: os instrumentos mais leves na frente e os pesados atrás. A história é também acompanhada de um glossário com a descrição de cada uma das peças da bateria, chamada de "orquestra formada apenas por instrumentos de percussão" (2011, p. 30). Ambos os livros enaltecem o samba e a cuidadosa organização que, desde 1928, traz a arte e a música do povo negro para as ruas. Adequado aos anos iniciais do Ensino Fundamental.

Sugestões:

Tequinho, o menino do samba. Rio de Janeiro: Rovelle, 2009.
Tequinho e o ensaio da bateria. Rio de Janeiro: Rovelle, 2011.

Cuti (Luiz Silva)

Poeta, ficcionista, dramaturgo e ensaísta, Luiz Silva, pseudônimo Cuti, é um dos fundadores dos *Cadernos Negros* e do Quilombhoje. Sua obra discute os problemas que envolvem a comunidade negra brasileira e resgata a memória cultural afrodescendente. *A pelada peluda no Largo da Bola* traz um cenário propício para a discussão do racismo no Brasil: a pelada de futebol nos quintais das casas e nas ruas do bairro. Dentro de "campo", mais do que a rivalidade entre dois times, está o conflito étnico entre negros e brancos. A tensão é acentuada antes mesmo da partida — os times das crianças do bairro são separados pela cor dos jogadores. Dessa forma, *A pelada peluda no Largo da Bola* representa como o preconceito racial pode estar presente em uma simples partida de futebol, propondo assim uma reflexão sobre o assunto, ambientado em um imaginário tão caro à criança e ao adolescente — o universo do futebol. A disputa entre negros e brancos ultrapassa os limites do jogo e é levada a toda vizinhança, que se mostra intolerante, por exemplo, à cultura afro-brasileira, especialmente ao candomblé. O livro é indicado para os anos intermediários do Ensino Fundamental.

Sugestão:

A pelada peluda no Largo da Bola. São Paulo: Editora do Brasil, 1988.

Lia Vieira

Lia Vieira é presença constante na série *Cadernos Negros*. Sua obra destacada para o público infantojuvenil é *Chica da Silva: a mulher que inventou o mar*, que narra a saga da ex-escrava no Arraial do Tijuco, atual Diamantina (MG). A personagem se casa com João Fernandes de Oliveira, contratador nas minas de diamante nomeado pelo rei de Portugal, e logo ambos se tornam motivo de crítica devido à vida que levam e aos cuidados dispensados aos escravos. A mulher negra, destemida e bem-sucedida, torna-se, por essa mesma razão, alvo da nobreza da época, presa às normas e preconceitos vigentes durante a escravidão. A narrativa desconstrói a visão tradicional em torno da mulher negra e, sobretudo das escravas, como seres submissos. O livro não só rompe com esse estereótipo, como também torna visíveis os jogos de interesse e as relações imperialistas entre metrópole e colônia. As ilustrações, pela beleza das cores e das imagens, tornam *Chica da Silva: a mulher que inventou o mar* uma obra ainda mais atraente, permitindo ao leitor associar as imagens à história narrada. Indicada para os últimos anos do Ensino Fundamental.

Sugestão:

Chica da Silva: a mulher que inventou o mar. Rio de Janeiro: OR, 2001.

Esmeralda Ribeiro

Ativista do grupo Quilombhoje desde os anos 1980, Esmeralda Ribeiro possui publicações em poesia e prosa na série *Cadernos Negros*, da qual é também editora juntamente com Márcio Barbosa. *Orukomi (meu nome)* marca sua estreia na literatura infantojuvenil. O livro é um passeio poético pela África como signo e pelas várias Áfricas presentes dos dois lados do Atlântico Negro na memória de muitas populações. "Olá amigos, eu me chamo Abayomi. Sou brasileiro, mas meus pais colocaram um nome de origem iorubá, que significa *aquele que nasceu para trazer alegria*" (2007, p. 4). A frase de abertura convida a um passeio pela história milenar do povo iorubá trazendo-a até o presente, por intermédio de um *griot* que narra, por exemplo, os sofisticados rituais celebrados quando do nascimento das crianças. A publicação traz ainda um glossário de curiosidades e nomes iorubá, como *Ainá*, *Odara*, *Ifé* e outros, além de termos presentes na fala cotidiana de boa parte dos brasileiros, como *acarajé*, *vatapá* etc. Indicado para os anos intermediários do Ensino Fundamental.

Sugestão:
Orukomi (meu nome). São Paulo: Quilombhoje, 2007.

Jussara Santos

Além de ficcionista premiada, Jussara Santos é professora e doutora em Literatura. *Indira*, sua primeira obra infantojuvenil, é uma delicada narrativa sobre a descoberta do amor. O tom de delicadeza do texto é garantido pelo ponto de vista da menina protagonista que dá nome ao livro e narra sua história de amizade com Washington. Os dois são inseparáveis colegas de turma e todos os dias vãos juntos para a escola. Nesses percursos e no ambiente escolar, eles tecem, aos poucos, as belezas do primeiro amor. Para Indira, Washington é especial: é apaixonado por História e esse interesse pelo conhecimento permite que ele a auxilie a rasgar o véu que, para ela, sempre encobriu seu nome com a névoa da estranheza. Mas não é apenas sobre a paixão na juventude que nos fala o texto de Jussara Santos: o orgulho afrodescendente está presente nos belos cabelos crespos de Washington, em que o barbeiro do pai faz desenhos que assinalam sua diferença aos olhos de Indira, além de evocar a ancestralidade e as raízes da cultura negra. A autora também traz à tona outra face do amor: a da dolorida febre da ausência. Indicado para o 6º e o 7º anos do Fundamental.

Sugestões:
Indira. Belo Horizonte: Nandyala, 2009.
Crespim. Belo Horizonte: Impressões de Minas, 2013.

Kiusam de Oliveira

Além de pedagoga e doutora em Educação, a professora Kiusam de Oliveira é escritora e contadora de histórias. Seu livro *Omo-Oba: histórias de princesas*, recomendado pela Fundação Nacional do Livro Infantil e Juvenil (FNLIJ), promove um mergulho nas tradições africanas, em especial, no universo da cultura iorubá, a fim destacar a perspectiva da mulher. A obra reconta seis mitos em que as protagonistas, além de princesas e, mais tarde, rainhas, são em verdade orixás femininos — Oiá, Oxum, Iemanjá, Olocum, Ajê Xalugá e Oduduá —, figuras poderosas que enfrentam e vencem inúmeros obstáculos. Tais personagens figuram como arquétipos, ou seja, exemplos de força e resistência, tanto no continente de origem como no vasto território da diáspora africana nas Américas, em especial entre nós, onde a herança iorubana tem forte presença na cultura afro-brasileira. Assim, os mitos recontados no livro têm nas jovens leitoras um público-alvo específico, pois seus enredos voltam-se justamente para o fortalecimento da identidade feminina afrodescendente. Indicado para os anos intermediários do Ensino Fundamental.

Sugestão:
Omo-Oba. Belo Horizonte: Mazza, 2009.

Nilma Lino Gomes
Ex-coordenadora do Programa de Ações Afirmativas da UFMG e do Núcleo de Estudos e Pesquisas sobre Relações Raciais e Ações Afirmativas (Nera), Nilma Lino Gomes possui experiência e vasta produção ensaística nas áreas da Educação e da Antropologia. No momento, ocupa a reitoria da UNILAB – Universidade da Integração Internacional da Lusofonia Afro-brasileira.

A publicação de *Betina* marca a estreia da professora e teórica como escritora de literatura infantil. O livro, de leitura indicada para os anos iniciais do Ensino Fundamental, narra a trajetória de Betina, uma menina negra, consciente de sua etnia e de sua beleza, que mantém uma relação muito próxima e amorosa com a sua avó. Enquanto trança os cabelos da neta, a avó conta histórias sobre os ancestrais africanos. O penteado passa a ser, dessa forma, o elo entre a menina e as suas raízes afro-brasileiras, e o cabelo, nesse contexto, recupera a identidade negra de Betina, que se sente orgulhosa em ostentar as tranças feitas pela avó, o que contribui para reverter o estereótipo de que o cabelo crespo não seja bonito.

Sugestões:
Betina. Belo Horizonte: Mazza, 2009.
O menino coração de tambor. Belo Horizonte: Mazza, 2013.

Maria do Carmo Galdino

Professora e escritora, Maria do Carmo Barbosa Galdino, também conhecida como Madu Galdino, aprendeu com sua mãe os provérbios cheios de sabedoria. Para ela, a temática racial é um desafio de muitas vivências, uma questão de pele, de reflexão e de trabalho. *Mãe Dinha* faz parte da coleção Griot mirim, cujo objetivo é trabalhar a identidade afrodescendente na imaginação infantil de uma maneira lúdica, com textos poéticos, associados a belas ilustrações que reforçam a autoestima da criança e a valorização de seus antepassados, de sua cultura e de sua cor. O livro remete o leitor a uma época distante da atual: "Mãe Dinha era uma avó diferente. Pele reluzindo tons de bronze. Olhos cor da noite com brilho das estrelas" (2007, p. 3). A personagem contava histórias e inventava brinquedos com objetos inusitados, como sementes e sabugos, entre outros. O acervo cultural transplantado no período da escravidão é um dos valores fundamentais da cultura afro-brasileira e a ancestralidade apresentada na obra resgata memórias e saberes passados de avó para mãe e de mãe para filha. *Mãe Dinha* é indicado para os anos iniciais do Ensino Fundamental.

Sugestão:
Mãe Dinha. Belo Horizonte: Mazza, 2007.

Nará Souza Oliveira

A escritora Nará Souza Oliveira é também professora e pesquisadora pós-graduada em Ensino da Língua Portuguesa. Intelectual empenhada nas ações afirmativas da comunidade afro-brasileira, vê no trabalho com a palavra escrita uma forma criativa de lazer e entretenimento, em paralelo à transmissão de saberes e valores. Seu livro *Panela de barro e colher de pau*: broa de milho, berimbau e carnaval realiza plenamente essa concepção de literatura ao oferecer ao jovem leitor uma narrativa prazerosa e fluente, ao mesmo tempo que recheada de informações. Transformadas em personagens, a Panela de Barro e a Colher de Pau ensinam ao menino Pedro Quilombola o valor e o sentido da existência a partir de exemplos corriqueiros. A história dá vida ainda a temperos e utensílios da cozinha, numa engraçada excursão sobre o preparo da broa de milho. A herança africana está presente não só nos ingredientes e na própria receita, mas ainda na música do berimbau e do atabaque e na presença dos orixás. Recomendado para os anos intermediários do Ensino Fundamental.

Sugestão:
Panela de barro e colher de pau: broa de milho, berimbau e carnaval. Belo Horizonte: Mazza, 2011.

Allan da Rosa

Allan Santos da Rosa é escritor, Mestre em História, agitador cultural e responsável pelo selo Edições Toró, que vem publicando jovens autores paulistanos. Além de poeta e contista, é autor de *Da Cabula*, premiado texto teatral. Em *Zagaia*, adota a forma popular da literatura de cordel, com estrofes de seis versos — as conhecidas sextilhas — para narrar as aventuras de Zagaia, mineiro residente na periferia de São Paulo. Depois de sofrer em trabalhos braçais que lhe davam pouco dinheiro e muito desgosto, o rapaz abandona a cidade e sai em busca de novas experiências. Seu nome, de origem Kikongo, remete ao universo da cultura banto, e significa "lança" ou "faca de ponta", o que dá indícios de seu caráter lutador. O texto apresenta de modo realista os dilemas dos jovens pobres da periferia, das moças atraídas por homens mais bem situados economicamente e dos rapazes pela ilusão de vida fácil proporcionada pelo mundo do crime. Nessa linha, Allan da Rosa dialoga com a oralidade e insere gírias e termos como "pra" (em vez de "para"), entre outras, o que reforça a verossimilhança com ações e seres representados. Com suas rimas e a musicalidade típica do cordel, a que se juntam as provocativas ilustrações de Marcelo D'Salete, o texto flui de modo agradável a leitores de todas as idades. Indicado para os anos finais do Ensino Fundamental.

Sugestão:
Zagaia. São Paulo: Difusão Cultural do Livro, 2007.

Neusa Baptista Pinto

Paulista radicada em Cuiabá, Neusa Baptista Pinto é jornalista e escritora, com participação ativa nos movimentos sociais de Mato Grosso. Seu livro de estreia, *Cabelo ruim?*, já em terceira edição, foi adaptado para teatro e apresentado em trinta cidades do estado. A narrativa aborda uma das formas mais cruéis de racismo — aquele cuja vítima principal é a criança. Bia, Tatá e Ritinha sofrem na escola com as piadinhas referentes ao cabelo crespo, chamado de "bombril" e "pixaim". Isso as aproxima e sela a amizade que as une na descoberta de que seu cabelo não é "ruim", mas apenas "diferente". Nesse processo, assumem novos penteados e uma nova forma de verem a si próprias e aos outros. O livro valoriza a estética negra e questiona o padrão de beleza hegemônico. Ao final, traz questões para serem debatidas com as crianças. Adequado aos anos intermediários do Ensino Fundamental.

Sugestão:
Cabelo ruim?: a história de três meninas aprendendo a se aceitar. 3ª ed. Cuiabá: Tanta Tinta, 2010.

Josias Marinho

Josias Marinho é escritor, desenhista e arte-educador. O autor nasceu em Rondônia, em Real Forte, uma pequena cidade à margem do Rio Guaporé, cenário que habita também o seu livro de estreia na literatura infantil, *O príncipe da beira*. A obra traz a relação de um menino com o rio que banha sua cidade. As águas do Guaporé circundam o reino de magia do menino, que se vê um príncipe. Marinho trata da questão afrodescendente a partir das ilustrações do livro, tão representativas quanto o próprio texto literário, que revelam ao leitor que o príncipe, protagonista da história, é um menino negro. Tal representação cria um novo imaginário — o príncipe, que geralmente carrega feições de uma beleza tipicamente europeia, é retratado com traços afrodescendentes, o que contribui para a valorização da criança negra, já que a figura desse nobre quase sempre está também relacionada a atitudes heroicas. O livro é indicado para os anos iniciais do Ensino Fundamental.

Sugestão:
O príncipe da beira. Belo Horizonte: Mazza, 2011.

Paulo César Pereira de Oliveira

Paulista de Ribeirão Preto, Paulo César Pereira de Oliveira é, junto com sua família, responsável pelo terreiro de candomblé *Egbé Awo*. Ligado às lutas pela igualdade racial, o autor busca na ancestralidade do povo de santo uma ferramenta de afirmação identitária dos afrodescendentes. Seu livro *Contos e crônicas do Mestre Tolomi* reúne alguns dos saberes que são passados nas casas de axé pelo Brasil. O volume é composto por oito estórias narradas pelo autor e transcritas por Silvany Euclênio, dentre elas, "Ilè ati Èniyàn" — a terra e os seres humanos — em que o leitor é apresentado à criação do mundo segundo a mitologia iorubá, ou ainda, em "A criação dos seres humanos", Obàtálá, "senhor do pano-branco", recebe a missão criadora e usa a argila Ikú (morte) responsável por restituir os homens à terra após a morte. Além das narrativas, a obra agrupa um vocabulário com números e palavras em iorubá que auxiliam a fluidez do livro. Com sua prosa entrelaçada de mito e poesia, *Contos e crônicas do Mestre Tolomi* é um texto que apresenta outra perspectiva de mundo, afro-brasileira. Indicado para os anos finais do Ensino Fundamental.

Sugestão:
Contos e crônicas do Mestre Tolomi. Ribeirão Preto: Ed. do Autor, 2011.

Alexandre Henderson

Ator, jornalista e apresentador de tevê, Alexandre Henderson estreou na literatura infantojuvenil com o livro *O menino, a goiabeira e a porta-bandeira*, ambientado no Rio de Janeiro, na fictícia "Comunidade Renascer". O texto parte de um ponto de vista identificado à cultura afro-brasileira para fazer um retrato poético da vida na favela. Valorizado pelas belas ilustrações de Elvis Pereira da Silva, o livro configura o morro como espaço comunitário, em que todos trabalham, se conhecem, se ajudam e se divertem à noite nas rodas de samba. O enredo traz ainda o menino Júnior, estudante que canta e faz versos. Sua amiga Suelen é porta-bandeira mirim da escola de samba da comunidade, herança recebida de sua avó, que a ensinou a levar a bandeira "como se carregasse a própria vida" (2012, p. 18). Ao dizer isso, ela ouve do amigo: "Quero mostrar meu gingado, que é a nossa raiz, e crescer também nos estudos. Serei um professor de português!" (Ibidem). Assim, Alexandre Henderson nos oferece uma história diferente da favela: "Meu pai quebrou muros e casas/ minha mãe queimou os braços/ na beira do fogão/ Eles me dão orgulho hoje,/ o que transforma o meu amanhã" (2012, p. 20). Indicado para o 3º e 4º anos do Ensino Fundamental.

Sugestão:
O menino, a goiabeira e a porta-bandeira. São Paulo: Uirapuru, 2012.

Jonathas Wagner e Ramatis Jacino

Jonathas Wagner Jacino é agitador cultural com atuação em diversos estados brasileiros. Seu irmão, Ramatis Jacino, é professor de História e doutor pela USP. Ambos são escritores com publicações destinadas para o público adulto. *Zumbi* é um texto agradável e de leitura fluente. Nele, os irmãos adotam com competência a forma da literatura de cordel para contar em versos simples e tocantes a epopeia do líder do Quilombo de Palmares. E o fazem não de modo distanciado ou frio, mas a partir de um olhar comprometido com o resgate da biografia do maior herói negro de nossa história. Ilustrado por Ideraldo Simões e composto em estrofes curtas de sete versos — a tradicional redondilha maior —, o poema inscreve o personagem como "general" e percorre sua vida desde criança até sua posterior liderança política e militar na maior república negra existente fora da África no século XVII. Tudo isso em belos versos e rimas, acompanhados de valioso glossário. Indicado para os anos finais do Ensino Fundamental.

Sugestão:
Zumbi. Epopeia de Zumbi dos Palmares, o herói negro brasileiro. São Paulo: Nefertiti, 2009.

Helena Theodoro

Doutora em Filosofia e ensaísta com grandes contribuições ao estudo da cultura afro-brasileira, Helena Teodoro vivencia desde a infância o universo das escolas de samba. Em seu livro *Os ibejis e o carnaval*, o leitor sente a presença dos anos vividos em contato com a música e o espetáculo a todo ano encenado nos desfiles. A autora nos contempla com a fala de uma avó que narra histórias do carnaval aos netos gêmeos, Neinho e Lalá. Assim, os pequenos aprendem sobre as origens da festa e sobre os elementos que a compõem, no Brasil e em outros lugares em que ela é comemorada. Como *ibejis* — orixás gêmeos da mitologia iorubá —, as crianças brigam, discutem, discordam uma da outra, porém acabam se entendendo e decidem entrar para a escolinha de mestre-sala e porta-bandeira, a fim de juntas dançarem carregando o maior símbolo de sua agremiação. Tudo isso numa linguagem simples e envolvente. Além da narrativa, o livro é enriquecido por um glossário com vários termos da tradição do carnaval, extremamente útil ao leitor iniciante. Adequado aos primeiros anos do Ensino Fundamental.

Sugestão:
Os ibejis e o carnaval. Rio de Janeiro: Pallas, 2009.

Lázaro Ramos

Ator e diretor dos mais celebrados na atualidade, o baiano Lázaro Ramos tornou-se conhecido como profissional da cena — seja ela no teatro, na televisão ou no cinema. Mas declara que a literatura sempre esteve em seu cotidiano, a partir mesmo das leituras de Jorge Amado durante a adolescência. Desde então, acumula várias experiências de criação, na poesia e em textos para teatro. *A velha sentada*, sua primeira publicação no âmbito da literatura infantil, conta a história de Edith, menina de nove anos quieta demais e até "desanimada", para ficarmos com as palavras do próprio autor. Até que uma vizinha afirma que ela parece ter "uma velha sentada na cabeça". Edith ouve o comentário e começa a refletir sobre a sua condição, seu modo de ver o mundo, e passa a empreender toda uma mudança de comportamento. De forma leve e bem-humorada, o texto discute a questão da identidade, da autoestima e do respeito ao outro. Após o lançamento, o livro foi adaptado para o teatro pelo próprio autor, com o nome de *A menina Edith e a velha sentada*. Indicado para os anos intermediários do Ensino Fundamental.

Sugestão:
A velha sentada. São Paulo: Uirapuru, 2010.

2
SEQUÊNCIAS DIDÁTICAS

ENSINO FUNDAMENTAL

FERNANDA RODRIGUES DE FIGUEIREDO
MARGARETE APARECIDA DE OLIVEIRA

Apresentação

Prezado (a) educador (a),

A literatura está em tudo: na realidade, na imaginação, no cotidiano, nas poesias, nos contos e nas crônicas. Sua importância e aplicação são ressaltadas por inúmeros teóricos. Nosso foco aqui é o ensino-aprendizagem da Literatura Afro-brasileira. Não existe nenhuma pretensão de "afunilar" ou "limitar", ao contrário. O objetivo é ampliar o próprio conceito de texto literário, dialogando com as construções contemporâneas, além de introduzir e debater pontos que estão na ordem do dia e que embasam a Lei nº 10.639/2003, encampados pela Lei de Diretrizes e Bases da Educação Nacional.

O processo de ensino-aprendizagem da Literatura Afro-brasileira é semelhante a uma construção: inicia com o alicerce, coloca-se tijolo por tijolo e finalizamos com telhado e acabamentos. É, isso, um processo. Sabemos que no Ensino Fundamental a literatura está "diluída" nas aulas da disciplina curricular intitulada Língua Portuguesa, ou seja, não temos aulas de literatura "pura", e sim contextualizada com tópicos e habilidades de interpretação de textos e conhecimentos gramaticais. Os textos literários são motivadores para o ensino-aprendizagem na alfabetização e no letramento. Assim, nossas Sequências Didáticas procuram trabalhar habilidades e descritores da "Matriz de Referência — Ministério da Educação", e buscamos fazer uma introdução e uma incursão que produzam uma base para o desenvolvimento de futuras discussões mais intensas, profundas e teóricas no Ensino Médio (próxima etapa de estudos dos discentes). As propostas contidas neste material foram testadas e aprimoradas nos últimos nove anos. Cada aluno, grupo e turma nos mostraram novos desafios. Esse aspecto desafiador da educação deve ser o norte do educador.

Construimos assim propostas reais para que o aluno lance mão dos elementos necessários para seguir e desenvolver seu senso crítico e literário. Afinal, toda construção começa com o alicerce, e não com o telhado.

Organização do Material

Caro (a) Professor (a),
O material que segue da página 58 a 132 disponibiliza oito Sequências Didáticas para o Ensino Fundamental. Propomos sequências para sete anos da etapa (do 3º ao 9º ano), considerando que o primeiro ano pretende socializar, ambientalizar e alfabetizar o alunado, com o letramento se intensificando a partir do 2º ano. Abarcamos também a Educação Especial, pois acreditamos que o processo de ensino-aprendizagem deve ser pleno para todos os cidadãos.

As Sequências Didáticas estão assim dispostas:

TEMA: Temática proposta na Sequência Didática.

ANO: Período escolar à que a Sequência Didática se destina.

EMENTA: Apresentação sucinta das ideias gerais que serão abordadas ao longo da Sequência Didática.

TÓPICOS: Elementos que descrevem as habilidades que serão avaliadas nos itens; esses elementos são os descritores. Os itens são elaborados com base nos Descritores das Matrizes de Referência da disciplina e reúnem o conteúdo a ser avaliado em cada período escolar e disciplina, além de informar o que se espera do aluno em termos de desempenho escolar.

OBJETIVOS: Conhecimentos e habilidades visados pela Sequência Didática proposta.

HABILIDADES A SEREM DESENVOLVIDAS: Conhecimentos que se espera desenvolver com a Sequência Didática proposta.

METODOLOGIA: Os passos a serem seguidos pelo professor para efetivar a Sequência Didática proposta.

NO QUADRO: Esquemas com conceitos importantes abordados na Sequência Didática para serem reproduzidos no quadro em sala de aula.

CONTEÚDO PARA ESTUDAR: Esquemas com conceitos importantes abordados na Sequência Didática para serem reproduzidos para o alunado.

ATIVIDADES PARA OS ALUNOS: Exercícios para aprimorar, fixar e exercitar os conhecimentos adquiridos.

IMPORTANTE: Alguns textos sugeridos (artigos, poemas, narrativas, crônicas e outros excertos) poderão ser baixados livremente do site www.letras.ufmg.br/literafro.

SEQUÊNCIA DIDÁTICA 1

ORALIDADE E DIVERSIDADE CULTURAL

Anos: 3º e 4º

1. Ementa

Esta sequência pretende apresentar a importância da oralidade e da diversidade para a formação das culturas africanas e afrodescendentes e para a preservação da história e da memória cultural afro-brasileira.

2. Descritores

D7. Identificar o conceito de palavra (consciência de palavra).
D11. Localizar informação em uma frase/texto.
D12. Identificar elementos que constroem a narrativa.
D13. Inferir uma informação.
D14. Identificar assunto de um texto.
D23. Determinar o ponto de vista do enunciador ou de personagens sobre fatos apresentados explícita e implicitamente no texto.
D26. Escrever frases/textos.
Fonte: www.inep.gov.br/Matriz Referência [3º ano do Ensino Fundamental].

3. Objetivos

- Trabalhar a sensibilização artística.
- Compreender e interpretar imagens e textos.
- Incentivar a leitura de textos da literatura afro-brasileira.

4. Conteúdo

- Pluralidade cultural.
- A tradição da narrativa oral: fábulas, contos e "causos".

5. Material necessário

Leituras sugeridas

Como as histórias se espalharam pelo mundo, de Rogério Andrade Barbosa, ilustr. Graça Lima.
Os comedores de palavras, de Edimilson de Almeida Pereira e Rosa Margarida de Carvalho Rocha, ilustr. Rubem Filho.
Dudu Calunga, de Joel Rufino dos Santos, ilustr. Zeflávio Teixeira.
Mãe Dinha, de Maria do Carmo Galdino, ilustr. Rubem Filho.
Panela de barro e colher de pau: broa de milho, berimbau e carnaval, de Nará Souza Oliveira, ilustr. Marcelo Moreira.

Sugestões para a pesquisa do professor

Leitura de artigos sobre literatura, história da África e oralidade:
MOURA, Carlos Alves (Org.). *Diversidade cultural afro-brasileira*: ensaios e reflexões. Brasília: Fundação Cultural Palmares, 2012.
AMÂNCIO, Iris (Org.). *África-Brasil-África:* matrizes, heranças e diálogos contemporâneos. Belo Horizonte: Editora PUC Minas; Nandyala, 2008.
GOMES, Nilma Lino. "Educação e diversidade étnico-cultural". In: BRASIL. *Diversidade na educação:* reflexões e experiências. Brasília: Secretaria de Educação Média e Tecnológica, 2003.
HAMPATÉ BÂ, Amadou. "A tradição viva". In: KI-ZERBO, Joseph (Org). *História geral da África*, vol. 1 — metodologia e pré-história na África. São Paulo: Ática; Unesco, 1982.
Parâmetros Curriculares Nacionais. Disponível em: <http://portal.mec.gov.br/seb/arquivos/pdf/livro02.pdf>. Acesso em: 9/3/2013.
Pluralidade Cultural. Disponível em: <http://portal.mec.gov.br/seb/arquivos/pdf/livro101.pdf>. Acesso em 9/2/2013.
PROPP, Vladimir P. *Morfologia do conto maravilhoso*. Rio de Janeiro: Forense Universitária, 1984.

6. Tempo estimado: Dez aulas.

PREPARAÇÃO

Professor, leia sobre a tradição da oralidade na África e sobre a tradição como obra literária.

A NATUREZA DA TRADIÇÃO ORAL

As civilizações africanas, no Saara e ao sul do deserto, eram em grande parte civilizações da palavra falada, mesmo onde existia a escrita, como na África ocidental a partir do século XVI, pois poucas pessoas sabiam escrever, ficando a escrita muitas vezes relegada a um plano secundário em relação às preocupações essenciais da sociedade. A tradição oral foi definida como um testemunho transmitido oralmente de uma geração à outra. Suas características particulares são o verbalismo e sua maneira de transmissão, na qual difere das fontes escritas. Devido à sua complexidade, não é fácil encontrar uma definição para tradição oral que dê conta de todos os seus aspectos. Um documento escrito é um objeto: um manuscrito. Mas um documento oral pode ser definido de diversas maneiras, pois um indivíduo pode interromper seu testemunho, corrigir-se, recomeçar etc. (Vansina, J. "A tradição oral e sua metodologia" — texto disponível na íntegra: <http://www.casadasafricas.org.br/site/img/upload/492979.pdf>. Acesso em 13/5/2013.)

A TRADIÇÃO COMO OBRA LITERÁRIA

Numa sociedade oral, a maioria das obras literárias são tradições, e todas as tradições conscientes são elocuções orais. Como em todas as elocuções, a forma e os critérios literários influenciam o conteúdo da mensagem. Essa é a principal razão de as tradições serem colocadas no quadro geral de um estudo de estruturas literárias e serem avaliadas criticamente como tal. (Vansina, J. "A tradição oral e sua metodologia" — texto disponível na íntegra: <http://www.casadasafricas.org.br/site/img/upload/492979.pdf>. Acesso em 13/5/2013.)

DESENVOLVIMENTO

1ª ETAPA

O professor poderá iniciar a aula apresentando os conceitos básicos de narrativas provenientes da tradição oral desta sequência: conto maravilhoso e fábula.

CONCEITOS BÁSICOS DE NARRATIVAS PROVENIENTES DA TRADIÇÃO ORAL

Conto maravilhoso

O conto maravilhoso representa um entre os gêneros ficcionais transmitidos pela tradição oral em diversas sociedades. Sua definição deriva do conceito mais abrangente de conto, como narrativa concisa que, tradicionalmente, traz o desenvolvimento de uma ação em um período de tempo e espaços delimitados rumo a um desenlace.[1] Especificamente, o conto maravilhoso (também conhecido como conto de fadas) traz a ação de um *herói* que, partindo de um *dano*, como o rapto de uma pessoa amada, ou *carência*, como a falta de dinheiro, desenvolve ações intermediárias e é, ao final, *recompensado*.[2] Nesse ínterim, ele passa por situações fantásticas, podendo ser transformado em animal ou em um ser inanimado, e, por vezes, cumpre tarefas consideradas impossíveis para um humano, e recebe até mesmo ajuda de seres sobrenaturais, como deuses ou anjos. O conto maravilhoso tem suas raízes no mito — história sagrada que narra as origens do mundo e rege os destinos da humanidade representada em sua narrativa. Mas, enquanto os personagens míticos são deuses ou heróis marcados pela proteção divina, os protagonistas do conto são homens e/ou mulheres comuns, nem sempre estão preocupados com o futuro da coletividade em que vivem, mas como irão conseguir superar seus problemas pessoais ou realizar a tarefa (ou missão) que lhes é proposta como um desafio. De acordo

[1] MOISÉS, Massaud. *Dicionário de termos literários*. São Paulo: Cultrix, 1974, p. 98-104.

[2] PROPP, Vladimir P. *Morfologia do conto maravilhoso*. Rio de Janeiro: Forense Universitária, 1984, grifos nossos.

com Mielietinski, na passagem do mito para o conto, ocorre "o deslocamento da atenção dos destinos coletivos para os individuais e dos cósmicos para os sociais".[3]

Fábula

Narrativa curta, de enredo simples, compreensão imediata e cunho moralizante. Na maior parte das vezes, é protagonizada por animais irracionais — a exemplo de "A cigarra e a formiga" ou "A raposa e as uvas" —, cujo comportamento é alusivo ao dos humanos de maneira ora satírica, ora pedagógica.[4] Sua recorrência na tradição oral se dá em todo o mundo e, na cultura ocidental, tem sua origem atribuída a Esopo, escravo grego que viveu no início do século VI a.C., fato que atesta sua procedência popular, transmitida de uma geração para outra e sempre repetida às crianças. Observação: o conceito de fábula se aproxima do de *apólogo* e do de *parábola*, mas, em geral, podemos diferenciá-lo pelo tipo de personagens que aparecem nas narrativas. Se na fábula as personagens são representadas por bichos, no apólogo elas são seres inanimados (pedras, objetos pessoais etc.) e, na parábola, seres humanos. Todas as três espécies de narrativa têm na oralidade sua principal característica.

2ª ETAPA

Providencie uma cartolina e escreva ou cole a palavra "Diversidade" em letra bem destacada e conceitue conforme o esquema a seguir. Depois, coloque no quadro ou em uma parede bem centralizada na sala.

NA CARTOLINA

Diversidade

Conjunto de diferenças culturais que existem entre os seres humanos. Há várias: raças/etnias, gêneros, linguagens, vestuários, religiões e outras tradições, como a organização da sociedade. O termo

---

[3] MIELIETINSKI, Eleazar M. *A poética do mito*. Rio de Janeiro: Forense Universitária, 1987, p. 309-310.

[4] MOISÉS, 1974, p. 226.

diversidade diz respeito à variedade e convivência de ideias, características ou elementos diferentes entre si, em determinado assunto, situação ou ambiente.

Ser diferente é bonito e legal. As diferentes culturas, etnias e gerações fazem com que o mundo se torne mais completo.

Fonte: <http://www.brasil.gov.br/sobre/cidadania/direitos-do-cidadao/diversidade-e-inclusao>.

Sugestão: Professor, faça o seguinte diagrama no quadro antes de iniciar as atividades.

NO QUADRO

Conteúdo para estudar

3ª ETAPA

Tire uma foto da turma (ou em um único grupo, ou em pequenos grupos) e imprima em folha A4 (pode ser em preto e branco).

Peça aos alunos que tragam recortes de jornais e revistas com fotos de pessoas (de várias raças, idades...); recomende que todos tragam tesoura e cola para a aula seguinte.

É importante também o professor pesquisar e contribuir levando imagens de crianças do mundo inteiro, das diversas culturas, religiões, como se vestem e como são diferentes.

4ª ETAPA

Organize a sala em círculo. Pergunte aos alunos o que quer dizer diversidade para eles, se já ouviram a palavra. Ouça atentamente as manifestações e comece a intervir. Peça aos alunos que, um a um, colem as figuras que trouxeram. Explique o significado da palavra "Diversidade". Fale sobre a importância de se respeitar as pessoas, da beleza de ter vários rostos, pois a diversidade não é única. Diga aos alunos que você vai completar o cartaz com imagens de pessoas lindas e diferentes umas das outras. Complete o cartaz com a foto da turma. Fale da beleza da diversidade.

5ª ETAPA

Professor: leia o livro *Como as histórias se espalharam pelo mundo*, de Rogério Andrade Barbosa, para os alunos. Nesse conto, numa viagem mágica, o autor e a ilustradora Graça Lima nos transportam para o continente africano, com suas múltiplas faces, cores, cheiros, sons, gestos e formas. O autor traça um perfil de diversos grupos e culturas — são modos de ser, de agir e de pensar, transmitidos de uma geração para a outra, e que dizem respeito à construção de diferentes projetos de vida.

É importante mostrar aos alunos que, em nosso país, os cordões da cultura africana estão intimamente atrelados aos das demais culturas que formam nossa identidade e nos caracterizam como um país plural.

Atividades para os alunos

Solicite aos alunos que façam um paralelo com a própria realidade:

1. Como é a vida da comunidade da qual os alunos fazem parte?
2. Quais são as profissões de pais, mães e outros familiares? Que profissionais trabalham na escola?
3. Que direitos têm as pessoas da comunidade? E do contexto escolar? Quais são os deveres de cada um?
4. E os alunos? De que forma eles atuam nesse "tecido" social, do qual também fazem parte?

Produção de texto

Depois das pesquisas e das discussões, o professor pode sugerir aos alunos que imaginem que o ratinho aventureiro está percorrendo os corredores, a sala e todos os espaços da escola e, com base nisso, produzam novos textos. O que a personagem observaria? De que lugares o roedor gostaria mais? Será que poderia participar das aulas e de outras atividades, narrando sua rica experiência?

Essa visita do ratinho pode ser recriada de diferentes formas: narrativas, poemas, desenhos, cartazes, histórias em quadrinhos etc.

6ª ETAPA

Promova a leitura dos livros *Mãe Dinha*, de Madu Galdino, e *Dudu Calunga*, de Joel Rufino dos Santos, em sala de aula.

Peça aos alunos que leiam o livro *Mãe Dinha* e respondam às questões propostas.

1. Quem era Mãe Dinha? Descreva-a.
2. O que ela fazia durante o dia?
3. Quantos segredos Mãe Dinha conhecia?

4. Mãe Dinha tinha a herança de Mãe Tereza, trazida da África. Quais eram essas heranças?

7ª ETAPA

Peça aos alunos que leiam o livro *Dudu Calunga* e respondam às questões propostas.

1. O narrador inicia a história contando sobre uma festa animada onde tinha: "gente miúda, gente graúda, branco, preto, café com leite, menino de chupeta, vovô de cachimbo [...]". O que quer dizer a expressão entre aspas?
2. Em que lugar ocorreu a festa que estava tão animada?
3. De repente entrou um cavaleiro no terreiro onde acontecia a festa. Descreva-o.
4. Após a chegada do cavaleiro, as pessoas começaram a encontrar seus pertences que haviam perdido há muito tempo e, por isso, suspeitaram que era Ossanha. Eles ficaram muito felizes, mas sentiram pena do negrinho. Por qual motivo?
5. De acordo com o texto o que são o "peji" e as "ialês"?
6. Após a leitura, discuta os textos e peça aos alunos que identifiquem a "moral da história".

8ª ETAPA

Leitura do livro *Panela de barro e colher de pau:* broa de milho, berimbau e carnaval, *de* Nará Souza Oliveira.

Atividade para os alunos

1. Como foi o nascimento de Pedro Sebastião Quilombola?
2. Quem eram na história Panela de Barro e Colher de Pau? Onde nasceram?
3. O que acontecia sempre ao redor do pilão?
4. Pedro Sebastião Quilombola pedia benção pela manhã à sua avó, e ela sempre o abençoava saudando os orixás e pedindo a benção para o neto. Segundo a avó de Pedro, quem são Yemanjá e Obaluayê?

5. Escreva em seu caderno alguma receita que sua mãe, avó ou outra pessoa faça em sua casa e que seja proveniente das culturas africanas.

9ª ETAPA

Atividade: Somos todos diferentes?

1. Observe os alunos da sua turma e responda:
2. Podemos dizer que somos todos iguais?
   a. Quais são as diferenças que você percebe na sua turma?
   b. Geralmente, herdamos algumas características físicas de nossos parentes. Algumas pessoas se parecem mais com o pai, outras com a mãe ou o avô, ou a avó, outros com o tio etc. E você, com quem se parece?
3. Observe seus colegas de turma. Imagine quais as características físicas que devem ter os parentes deles. Crie um desenho, em seu caderno, do pai e da mãe dessas crianças.

10ª ETAPA

Imagine que você tenha de explicar para o seu colega, em poucas palavras, por que somos diferentes fisicamente, de acordo com o que você aprendeu nas aulas anteriores. Escreva sua resposta no seu caderno.

11ª ETAPA

NO QUADRO

Você sabia?

Que o português que falamos no Brasil tem muitas palavras de origem africana? Isso acontece porque, principalmente durante o período colonial, os negros foram trazidos da África para trabalhar na lavoura, na pecuária e na mineração, entre outras atividades. E trouxeram consigo sua diversidade cultural, o que inclui modos de ver a vida, cultos e crenças, hábitos alimentares, artes (música, cerâmica) e muitos dos seus mitos e lendas. Trouxeram ainda, é claro, as línguas e os dialetos que falavam.

Exemplos: bagunça, curinga, moleque, dengo, gangorra, cachimbo, fubá, angu, quitanda, samba, cachaça, dendê, fuxico, berimbau, quitute, cuíca, cangaço, quiabo, senzala, corcunda, batucada, zabumba, bafafá, axé etc.

Disponível em: <http://educacao.uol.com.br/cultura-brasileira/ult1687u24.jhtm>. Acesso em 13/5/2013.

12ª ETAPA

Com algumas das palavras de origem africana, cada grupo irá criar desafios de adivinhação que serão usados posteriormente com os demais grupos. Em seguida, proponha que um grupo dê dicas, por meio dos significados encontrados, desafiando outro grupo a descobrir a palavra e escrevê-la na lousa corretamente e assim, sucessivamente, listando as palavras de origem africana.

13ª ETAPA

Após os alunos trabalharem com palavras de origem africana, seus significados e ortografia, divida as letras do alfabeto entre os grupos para que cada um produza uma página de dicionário com essas palavras e outras mais que descobrirem...

14ª ETAPA

Leitura do livro *Os comedores de palavras*, de Edimilson de Almeida Pereira e Rosa Margarida de Carvalho Rocha.

Atividades para os alunos

1. "No distante país das árvores que falam" e "Um contador tocava o seu tambor e as histórias nasciam". Quando você leu essas frases nessa história, que imagens vieram à sua cabeça? Desenhe o que veio à sua imaginação.
2. Quando lemos histórias, nossa imaginação nos leva a formar uma imagem sobre os personagens e seu jeito de ser. Use sua imaginação. Desenhe alguns personagens da história:
   - O menino
   - Seu pai
   - "Senhora-que-viu-tudo-neste-mundo"
   - "Senhora-que-tinha-alegria-de-inventar-palavras"
   - "Bichos comedores de palavras"
   - "Senhor-que-guarda-histórias-na-cabeça"
3. O "Monstro Engolidor de Gentes" levou o contador de histórias. O menino ficou triste e resolveu morar no "País dos Bichos Comedores de Palavras". Por quê?
4. Descreva o "País dos Bichos Comedores de Palavras".
5. "Os bichos Comedores de Palavras" não quiseram aceitar o menino em seu país, por quê?
6. Se as histórias não pudessem ser contadas, como as crianças ficariam sabendo das histórias de seus avós, bisavós, enfim, de seu povo? Qual a sua opinião sobre o assunto?
7. Pense e responda: o que poderia acontecer a um povo que não soubesse as histórias de seu passado? Você acha importante conhecer as histórias de seus antepassados? Por quê?

Avaliação

A avaliação poderá ser feita por meio de:

- Produção de textos da 4ª etapa e outras atividades.
- Promoção de um debate sobre a temática trabalhada com as obras.
- Pela correção das fichas de leitura.

Outras sugestões de leitura

África para crianças: histórias e culturas africanas na educação infantil, de Iris Amâncio. Belo Horizonte: Nandyala, 2007.

Cinco cantigas para você cantar, de Inaldete Pinheiro de Andrade, vários ilustradores. Recife: Produção Alternativa, 1989.

Zumbi, o pequeno guerreiro, de Kayodê, ilustr. Edmilson Q. Reis. São Paulo: Quilombhoje, 2007.

Orukomi (meu nome), de Esmeralda Ribeiro, ilustr. Edmilson Q. Reis. São Paulo: Quilombhoje, 2007.

SEQUÊNCIA DIDÁTICA 2

LENDAS AFRICANAS

Anos: 3º e 4º

1. Ementa

Esta sequência pretende apresentar as lendas africanas como parte do legado cultural transplantado para o Brasil desde a colonização. Trabalharemos tais narrativas e suas estruturas.

2. Descritores

D7. Identificar o conceito de palavra (consciência de palavra).
D11. Localizar informação em uma frase/texto.
D12. Identificar elementos que constroem a narrativa.
D13. Inferir uma informação.
D14. Identificar assunto de um texto.
D23. Determinar o ponto de vista do enunciador ou de personagens sobre fatos apresentados explícita e implicitamente no texto.
D26. Escrever frases/textos.
Fonte: www.inep.gov.br/Matriz Referência [3º ano do Ensino Fundamental].

3. Objetivos

- Incentivar a leitura de textos narrativos da literatura oral africana.
- Compreender e interpretar textos identificando seus objetivos e conclusões (moral da história).
- Introduzir os estudos sobre lendas africanas.

4. Conteúdo

- A tradição oral africana.
- A África como local de cultura.

5. Material necessário

Leituras sugeridas

Lendas negras e *Sikulume e outros contos africanos*, de Júlio Emílio Braz. Cópia para os alunos das lendas no link do escritor Júlio Emílio, disponível em: <http://www.letras.ufmg.br/literafro/>: "Sikulume" e "Quem perde o corpo é a língua".

Uma ideia luminosa, de Rogério Andrade Barbosa, ilustr. Thaís Linhares.

OruKomi (meu nome), de Esmeralda Ribeiro, ilustr. Edimilson Q. Reis.

Filme: *Kiriku e a feiticeira*. Diretor: Miguel Ocelot. Origem/ano de produção: longa-metragem de animação franco-belga de 1998. Duração: 71 min. Classificação: Livre. Disponível em: <http://www.youtube.com/watch?v=fFti74FpTpQ>. Acesso em 13/5/2013.

Sugestões para pesquisa do professor

MIELIETINSKI, Eleazar M. *A poética do mito*. Rio de Janeiro: Forense Universitária, 1987.

MOISÉS, Massaud. *Dicionário de termos literários*. São Paulo: Cultrix, 1974.

PROPP, Vladimir P. *Morfologia do conto maravilhoso*. Rio de Janeiro: Forense Universitária, 1984.

6. Tempo estimado: Oito aulas.

PREPARAÇÃO

O professor poderá iniciar a aula apresentando os conceitos básicos de narrativas provenientes da tradição oral desta sequência: mito e lenda.

DESENVOLVIMENTO

1ª ETAPA

CONCEITOS BÁSICOS DE NARRATIVAS PROVENIENTES DA TRADIÇÃO ORAL

Mito

Narrativa encontrada desde sempre em todas as civilizações presentes na história da humanidade. O mito compõe o imaginário de culturas as mais díspares, dos esquimós do Polo Norte aos indígenas brasileiros, sem deixar de lado os demais grupos humanos situados nos outros continentes. Traz em seu cerne respostas para dúvidas primordiais de todos nós, como a origem do universo, do ser humano, e dos fenômenos naturais, entre outras. O mito ensina de onde viemos e para onde vamos. Dita valores e regras de conduta, atuando como elemento de equilíbrio social através da religião. Nas sociedades modernas, ocupa o espaço deixado pelo que a ciência e a filosofia não são capazes de explicar de forma convincente. Entre seus personagens estão deuses, semideuses ou heróis dotados muitas vezes de poderes sobre-humanos. Dado seu caráter metafórico, com cenas e episódios de cunho fantástico ou maravilhoso, as narrativas míticas permitem diversas interpretações, de acordo com as necessidades daquele que o ouve ou lê, o que garante sua eficácia social e sua sobrevivência cultural. E justamente por ser regido por esse princípio discursivo eminentemente metafórico, o mito é considerado por alguns estudiosos como "pré-história da literatura".[1]

Lenda

Narrativa popular que pode ou não ter origem em acontecimentos ou figuras do passado histórico. Parte às vezes de fatos reais, mas em geral os modifica acrescentando detalhes vindos da imaginação

[1] MIELIETINSKI, Eleazar M. *A poética do mito*, cit.

do narrador, elementos mágicos e ficcionais que comprometem a veracidade do que é narrado. Figuras como Chica da Silva, Zumbi dos Palmares ou Chico Rei têm suas vidas amplificadas nas muitas versões que circulam no universo da oralidade; tornaram-se lendas e isso ocorre com homens e mulheres de todas as culturas e nações. Ao contrário do mito, os personagens da lenda não são deuses, via de regra são seres humanos que, em determinadas situações, podem até adquirir características sobrenaturais, como o boto amazônico transformado em belo rapaz, ou a mulher em mula sem cabeça. Nesse apelo a elementos mágicos, lendas como a do Saci, do Negrinho do Pastoreio ou do Lobisomem se aproximam do conto maravilhoso e satisfazem a sede de fantasia, mistério e magia que reside no inconsciente de todo ser humano.

NO QUADRO

Lendas

Histórias maravilhosas nas quais tudo é possível (animais e seres inanimados podem se comportar como seres humanos, as personagens podem voar ou ter poderes especiais...).

Na África

Griot (griô) = Um mestre na arte de contar histórias e narrar as lendas. A mulher que exercia essa função era chamada de *griotte*.

Conteúdo para estudar

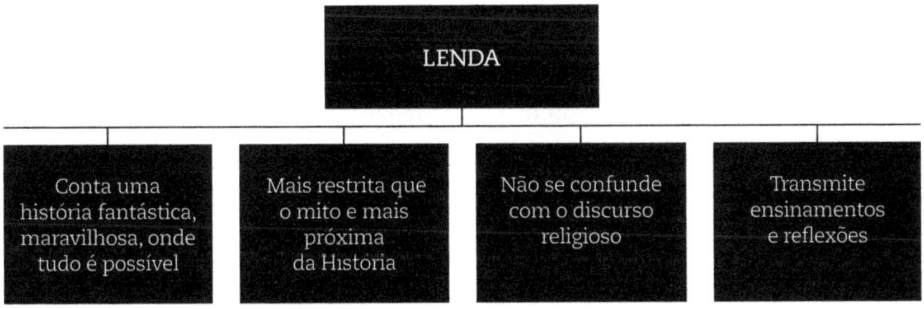

2ª ETAPA

Divida a turma em grupos de, no máximo, cinco alunos. Cada grupo deverá trabalhar com uma lenda (dentre as citadas nas leituras sugeridas nesta sequência).

3ª ETAPA

Atividades para os alunos

Peça para as alunos trazerem cola, tesoura, lápis de cor e palitos de picolé.

1. Desenhar as personagens da história (em tamanhos de, no mínimo, meia folha de ofício).
2. Colorir os desenhos (capriche).
3. Recortar e colar cada personagem em um palito de picolé.
4. Montar uma encenação para contar as histórias para os colegas.
5. O melhor contador ganhará o prêmio de *griot* ou *griotte*.
6. Sobre a lenda, responda:
   a. Quais são as personagens da história?
   b. Qual a moral da história? O que aprendemos com essa lenda?

4ª ETAPA

Após todos os grupos terem se apresentado, o professor deve esplanar uma conclusão com base nas apresentações e nas habilidades que intencionava suscitar nos alunos.

5ª ETAPA

Após a leitura e apresentação das lendas, peça aos alunos que respondam às questões referentes ao livro *Uma ideia luminosa*, de Rogério Andrade Barbosa.

1. "Como manda a tradição, coube ao filho mais velho a *primazia*." O que a palavra destacada significa no contexto?
2. O pai dos rapazes pediu que seus filhos cumprissem uma tarefa. Qual era a finalidade do velho comerciante ao destinar essa tarefa a seus filhos?
3. Alguns contos tendem a nos trazer uma lição. Em sua opinião, qual a lição que esse conto nos traz?
4. Explique o título do conto.

6ª ETAPA

Leitura e atividades do livro *Orukomi (meu nome)*, de Esmeralda Pinheiro.

Atividades para os alunos

1. Os pais de Abayomi colocaram um nome de origem iorubá no menino. O que significa iorubá? Quem são os iorubás?
2. Certa vez a escola recebeu a visita de um artista. O que ele fazia?
3. "O nascimento de uma pessoa é uma coisa muito importante para a nação dos iorubás". Explique esta afirmação de acordo com o texto.
4. Pesquise sobre pratos da culinária baiana cujos nomes têm origem na língua dos iorubás.

7ª ETAPA

Leitura e atividade do conto "Sikulume", de Júlio Emílio Braz.

Atividades para os alunos

1. O narrador conta a história de um homem muito pobre, sem filhos ou esposa. Onde esse homem vivia?
2. O homem procurou o chefe para contar algo. O chefe ficou muito interessado. O que ele contou?
3. Como o oitavo filho do chefe era considerado pelo pai?
4. O chefe chamou seis guerreiros mais um dos seus filhos que restaram (o único que ele considerava) e ordenou que fossem até a floresta capturar os sete pássaros. Por qual motivo ele deu essa ordem? O que ocorreu naquela noite?
5. Sikulume resolveu voltar para buscar o pássaro que havia esquecido. O que aconteceu com ele?
6. Ao chegarem à aldeia, Sikulume e os companheiros, encontraram tudo transformado em cinzas. O que ocorreu no lugar e o que eles fizeram?
7. Mangangezalu foi apresentada a todos como esposa de Sikulume. Explique esse fato.
8. Qual lição é dada nesse conto?

8ª ETAPA

Leitura e atividade do conto "Quem perde o corpo é a língua", de Júlio Emílio Braz.

Atividades para os alunos

1. Geralmente os contos nos passam uma lição. Qual lição esse conto nos passa?
2. "Quem perde o corpo é a língua!" Essa foi uma frase dita pela caveira, explique o sentido da palavra LÍNGUA no contexto.
3. Em sua opinião, por que a caveira falava somente com o caçador?
4. Quais foram as consequências de o caçador ter contado a seus companheiros o ocorrido com a caveira?
5. Ele aprendeu a lição? Justifique sua resposta com argumentos do texto.

9ª ETAPA

Exiba o filme *Kiriku e a feiticeira*, dirigido por Miguel Ocelot, e debata com os alunos pontos fantásticos da narrativa, como o fato de o garoto nascer falando ou crescer de repente. Explique que a história de Kiriku, assim como as narrativas lidas, fazem parte da cultura africana, que tem grande influência no Brasil. Fale sobre a vinda dos negros para o Brasil e sua decorrente influência cultural, como costumes, religião, culinária, danças, músicas, literatura, entre outras. Ressalte também as palavras de origem africana na língua.

Avaliação

A avaliação poderá ser feita:

- A partir dos trabalhos em grupo apresentados e debatidos.
- Por meio da análise das impressões dos alunos sobre os textos lidos, o filme e os aspectos em que permitiram ampliar o universo cultural deles.
- Pela correção das fichas de leitura.

Outras sugestões de leitura

Gosto de África, de Joel Rufino dos Santos, ilustr. Cláudia Scatamacchia.
Lendas negras, de Júlio Emílio Braz, ilustr. Salmo Dansa.
Rainha das águas, de Maurício Pestana — texto e ilustrações.
Rainha Quiximbi, de Joel Rufino dos Santos, ilustr. Zeflávio Teixeira.
Histórias africanas para contar e recontar, de Rogério Andrade Barbosa, ilustr. Graça Lima.

SEQUÊNCIA DIDÁTICA 3

LENDAS AFRICANAS NO BRASIL

Anos: 5º e 6º

1. Ementa

Esta sequência pretende apresentar lendas africanas no Brasil. Trabalharemos tais narrativas e suas estruturas.

2. Descritores

Procedimentos de leitura

D1. Localizar informações explícitas em um texto.

D3. Inferir o sentido de uma palavra ou expressão.

D4. Inferir uma informação implícita em um texto.

D6. Identificar o tema de um texto.

D11. Distinguir um fato da opinião relativa a esse fato.

Coerência e coesão no processamento do texto

D2. Estabelecer relações entre partes de um texto, identificando repetições ou substituições que contribuam para a continuidade de um texto.

D7. Identificar o conflito gerador do enredo e os elementos que constroem a narrativa.

D8. Estabelecer relação causa /consequência entre partes e elementos do texto.

Fonte: www.inep.gov.br/Matriz Referência [5º ano do Ensino Fundamental].

3. Objetivos

- Introduzir os estudos sobre lendas africanas no Brasil.
- Incentivar a leitura de textos narrativos das literaturas africanas e afro brasileira.
- Compreender e interpretar textos identificando seus objetivos e conclusões.

4. Conteúdo

- A África como local de cultura.
- Ancestralidade e transmissão do saber por meio da narrativa.

5. Material necessário

Leituras sugeridas

Lendas da África, de Júlio Emílio Braz, ilustr. Salmo Dansa.
A ginga da rainha, de Iris Amâncio, ilustr. Regina Miranda.
Contos africanos para crianças brasileiras, de Rogério Andrade Barbosa, ilustr. Maurício Veneza.
Baobás de Ipojuca, de Inaldete Pinheiro de Andrade, ilustr. Juliana Germano.

Sugestões para a pesquisa do professor

CASCUDO, Luis da Câmara. *Dicionário de folclore brasileiro*. 5ª ed. Belo Horizonte: Itatiaia, 1984.
LOPES, Nei. *Enciclopédia brasileira da diáspora africana*. São Paulo: Selo Negro, 2004.

6. Tempo estimado: Cinco aulas.

PREPARAÇÃO

O professor poderá iniciar a aula lendo para os alunos uma das narrativas do livro *Contos africanos para crianças brasileiras*, de Rogério Andrade Barbosa. Retomando os conceitos trabalhados na sequência anterior.

DESENVOLVIMENTO

1ª ETAPA

- Peça aos alunos que leiam as lendas sugeridas.
- Divida a turma em grupos de, no máximo, cinco alunos.
- Promova a leitura dos textos em sala de aula.

2ª ETAPA

- Cada grupo deverá criar uma forma de apresentação para os textos lidos.
- Peça aos grupos que elejam um ou dois alunos do grupo para ler o texto. Momento de contação de histórias.
- Após todos os grupos terem se apresentado, o professor deve esplanar uma conclusão com base nas apresentações e nas habilidades que intencionava suscitar nos alunos.

3ª ETAPA

Atividade individual para os alunos

Peça aos alunos que escolham uma das lendas e leiam atentamente. Depois responda:

- Quais são as personagens da história?
- Onde se passa a história?
- Quem é o (a) protagonista?
- Que lição a história pretende passar?

Desafio: Cada aluno deverá criar sua própria lenda para explicar o surgimento dos vários tipos de raça/cor no mundo (mínimo de dez linhas e máximo de trinta linhas).

4ª ETAPA

Leitura do livro *Baobás de Ipojuca,* de Inaldete Pinheiro de Andrade

Atividades para os alunos

1. Dois provérbios foram citados nos textos: "Sem eira nem beira" e "Aos trancos e barrancos". Provérbios são ditos de domínio popular, muitos deles com mensagens sábias, outros nem tanto, mas todos com a intenção de transmitir alguma forma de ensinamento.
   a. Faça um levantamento dos provérbios mais utilizados na sua região e os seus significados.
   b. Faça uma pesquisa sobre as manifestações culturais da sua comunidade.

2. O baobá é uma árvore africana, que vive séculos. E o Nordeste é a região brasileira com o maior número delas. Faça uma pesquisa sobre essa árvore.
3. Existem muitas terras e comunidades remanescentes de quilombos no Brasil. Pesquise sobre o assunto e procure saber se existe ou existiu em sua cidade.
4. As histórias de família por duas vezes se entrelaçam no texto de Inaldete Pinheiro de Andrade e, além delas, também os diários, depoimentos, documentos e fotografias.
   a. Procure pessoas mais velhas e peça para ouvir, pelo menos, uma história antiga de sua cidade.
   b. Anote cuidadosamente ou grave para trazê-la à sala de aula e contar para a turma.

5ª ETAPA

Peça aos alunos que leiam a lenda "Por que as minhocas vivem debaixo da terra", presente no livro *Lendas da África*, de Júlio Emílio Braz.

Atividades para os alunos

1. Conta-se que, durante muitos anos, Eyo II governava tudo e todos na terra. Ele costumava realizar as maiores festas de que se tem notícia. Quais eram os costumes depois de tais festas?
2. Cite os discursos mais comuns.
3. O que fez o chefe das formigas-carregadeiras, ao final de uma das festas? E o que o feito do chefe gerou?
4. Explique o confronto entre as formigas-carregadeiras e as minhocas.
5. Quem venceu o confronto? E o que aconteceu depois disso?
6. Explique a "moral da história".

6ª ETAPA

Peça aos alunos que leiam o livro *A ginga da rainha*, de Iris Amâncio e responda às questões a seguir.

1. Sempre ao chegar da escola, Aninha solta seu grito de guerra. "Tem almoço pronto aí, gente?!...". Depois tem os combinados. Quais são? Você também organiza o seu dia como a menina Aninha?
2. Aninha achou *diou* a história contada pela professora de literatura a respeito de uma antiga rainha chamada Jinga. O que a palavra destacada significa no contexto?
3. Descreva as características da rainha Jinga.
4. Segundo a história contada pela professora de Aninha, qual era a habilidade da rainha Jinga?
5. Pesquise e traga mais informações sobre a rainha Jinga para a turma.

Avaliação

A avaliação poderá ser feita:

- A partir dos trabalhos em grupo apresentados e debatidos.
- Por meio da análise das impressões dos alunos sobre os textos lidos.
- Pela correção das fichas de leitura.

Outras sugestões de leitura

A semente que veio da África, de Heloisa Pires Lima, ilustr. de Véronique Tadjo e *Histórias da preta*, de Heloisa Pires Lima, ilustr. Laurabeatriz.
Contos e crônicas do Mestre Tolomi: África viva no Brasil, de Paulo César Pereira de Oliveira, ilustr. Wilde Maurício.
Contos negros da Bahia, de Mestre Didi.
Contos de nagô, de Mestre Didi.

SEQUÊNCIA DIDÁTICA 4

PERSONAGENS DA TRADIÇÃO ORAL E DA HISTÓRIA AFRO-BRASILEIRA

Anos: 5º e 6º

1. Ementa

Esta sequência pretende apresentar e discutir algumas personagens da tradição oral e da história afro-brasileira, ressaltando as semelhanças e as diferenças entre seres lendários e históricos.

2. Descritores

Procedimentos de leitura

D1. Localizar informações explícitas em um texto.
D3. Inferir o sentido de uma palavra ou expressão.
D4. Inferir uma informação implícita em um texto.
D6. Identificar o tema de um texto.
D11. Distinguir um fato da opinião relativa a esse fato.

Coerência e coesão no processamento do texto

D2. Estabelecer relações entre partes de um texto, identificando repetições ou substituições que contribuam para a continuidade de um texto.
D7. Identificar o conflito gerador do enredo e os elementos que constroem a narrativa.
D8. Estabelecer relação causa /consequência entre partes e elementos do texto.
Fonte: www.inep.gov.br/Matriz Referência 5º ano do Ensino Fundamental.

3. Objetivos

- Introduzir os estudos sobre as personagens da tradição oral e da história afro-brasileira.
- Incentivar a leitura de textos narrativos da literatura afro-brasileira.

- Compreender e interpretar textos identificando seus objetivos e conclusões.

4. Conteúdo

- Exemplo de personagem da tradição oral: Saci-pererê.
- Alguns personagens afro-brasileiros de nossa história: Zumbi dos Palmares, Chica da Silva e Luiz Gama.

5. Material necessário

Leituras sugeridas

A *"verdadeira" história do Saci Pererê*, de Iris Amâncio e Anderson Feliciano, ilustr. Alexandre Sasdelli.
Chica da Silva, a mulher que inventou o mar, de Lia Vieira, ilustr. Iléa Ferraz.
Luana, as sementes de Zumbi, de Aroldo Macedo e Oswaldo Faustino, ilustr. Mingo de Souza.
"O filho de Luísa", do livro *Gosto de África*, de Joel Rufino dos Santos, ilustr. Cláudia Scatamacchia.

Sugestões para a pesquisa do professor

CASCUDO, Luis da Câmara. *Dicionário de folclore brasileiro*. 5ª ed. Belo Horizonte: Itatiaia, 1984.
FREITAS, Décio. *Palmares*: a guerra dos escravos. 5ª ed. Porto Alegre: Mercado Aberto, 1984.
FURTADO, Júnia Ferreira. *Chica de Silva e o contratador de diamantes*: o outro lado do mito. São Paulo: Companhia das Letras, 2003.
LOPES, Nei. *Enciclopédia brasileira da diáspora africana*. São Paulo: Selo Negro, 2004.
MOURA, Clóvis. *Dicionário da escravidão negra no Brasil*. São Paulo: Edusp, 2004.
MOURA, Clóvis. *Rebeliões da senzala*. 3ª ed. São Paulo: Livraria Editora Ciências Humanas, 1981.
SOUZA, Andréia Lisboa. "Personagens negros na literatura infantil: rompendo estereótipos". In: *Racismo e anti-racismo na educação*. Eliane Cavalleiro (Org.). São Paulo: Selo Negro, 2001, p. 195-213.

6. Tempo estimado: Oito aulas.

PREPARAÇÃO

Professor, providencie para os alunos cópias dos textos referentes às histórias dos personagens da tradição oral e da história afro-brasileira.

PERSONAGENS DA TRADIÇÃO ORAL

Saci-pererê

Um dos mais conhecidos personagens do folclore brasileiro. Como todo ser lendário oriundo da tradição oral, o Saci não tem um sentido único. Figura de muitas faces, maléfica para uns, zombeteiro e brincalhão para outros, suas características foram se alterando ao longo do tempo e diferem de uma região para outra. Surge como um negrinho pequeno, com ares infantis, uma só perna e um barrete vermelho na cabeça. Para Luis da Câmara Cascudo, é "ágil, astuto, amigo de fumar cachimbo, de entrançar as crinas dos animais, depois de extenuá-los em correrias, durante a noite, anuncia-se pelo assobio persistente e misterioso, inlocalizável e assombrador."[1] Ainda segundo o pesquisador, o Saci se diverte praticando travessuras que incomodam os adultos: apaga o lume das casas, espanta os animais e assusta os viajantes pelos caminhos solitários. De acordo com Nei Lopes, várias de suas características o aproximam de elementos míticos do povo iorubá: "A forma do barrete e as traquinagens remetem a Exu; sua compleição física, a perna única e seu domínio preferencial, as matas, o aproximam de Arôni, duende iorubano ligado a Ossãim."[2]

---

[1] CASCUDO, Luis da Câmara. *Dicionário de folclore brasileiro*. 5ª ed. Belo Horizonte: Itatiaia, 1984, p. 686.

[2] LOPES, Nei. *Enciclopédia brasileira da diáspora africana*. São Paulo: Selo Negro, 2004, p. 592.

Negrinho do pastoreio

O Negrinho do pastoreio é uma lenda do folclore popular brasileiro que conta a história de um garoto escravo que passa por maus-tratos e morre em um formigueiro. Segundo consta, há muito tempo, no Rio Grande do Sul, havia um fazendeiro rico, que tinha enorme maldade no coração. O Negrinho do pastoreio era escravo desse fazendeiro. O fazendeiro dava muito trabalho para o Negrinho, que era mal alimentado. O garoto dizia que sua madrinha, Nossa Senhora, aparecia para ajudá-lo. Um dia o senhor apostou uma corrida a cavalo com um vizinho que dizia possuir um cavalo mais rápido. Mandaram o Negrinho treinar e montar o famoso baio. Depois das apostas feitas, iniciou-se a corrida. Os cavalos permaneceram juntos em grande parte do percurso. Negrinho sabia que seria surrado se não vencesse. Aos poucos tomou a frente e quase não havia dúvida da vitória. Mas algo assustou o cavalo, que empinou e quase derrubou Negrinho. Foi o suficiente para que o adversário ultrapassasse e ganhasse a corrida. O fazendeiro, furioso, teve de cobrir as apostas. Ao retornarem à fazenda, o Negrinho teve pressa para guardar o cavalo, mas o fazendeiro disse que teria um castigo: o negrinho ficaria trinta dias e trinta noites com o cavalo perdedor no pasto e cuidaria de outros trinta cavalos. Não bastando isso, o fazendeiro lhe deu trinta chibatadas. Dias depois, Negrinho resolveu rezar para a Nossa Senhora e adormeceu.

Os cavalos soltaram-se. Negrinho acordou assustado, e quando percebeu a fuga dos cavalos, sentou-se e chorou. O filho do fazendeiro estava perto, e vendo tudo, por maldade foi contar ao pai a respeito da fuga. O fazendeiro mandou outros escravos buscarem o garoto. O menino até tentou explicar para o fazendeiro, mas de nada adiantou. Ele foi amarrado no tronco e açoitado pelo patrão. Após a surra, o fazendeiro mandou-o procurar os cavalos. Negrinho achou os cavalos e amarrou-os, e deitou-se no chão para descansar. O filho do fazendeiro, vendo isso, fez uma nova maldade: soltou os cavalos e depois correu novamente até o pai e contou que o Negrinho tinha achado os cavalos, mas deixou-os fugir. O patrão o amarrou pelos pulsos e bateu nele mais que nunca. Negrinho rezou para Nossa Senhora e desmaiou de dor. Achando que o havia matado, o senhor não soube o que fazer com o corpo e, avistando um enorme formigueiro, jogou-o lá. No outro dia, o fazendeiro, curioso para ver o corpo do menino, foi até o formigueiro. Viu-o em pé, sorrindo ao lado de Nossa Senhora. Em volta dele estavam os cavalos perdidos. O garoto montou um deles e partiu com trinta cavalos atrás. Até hoje, em alguns lugares do país, quando as pessoas perdem algo acendem uma vela para o Negrinho do pastoreio, acreditando que o garoto vai ajudar a achar o objeto perdido.

Fonte: <http://www.infoescola.com/folclore/negrinho-do-pastoreio/>.

PERSONAGENS DA HISTÓRIA AFRO-BRASILEIRA

Zumbi dos Palmares

Zumbi dos Palmares figura na história do Brasil como a mais importante liderança da resistência armada à escravidão. Segundo Décio Freitas,[3] o líder quilombola veio ao mundo em 1655, num dos mocambos (povoação) de Palmares, na Serra da Barriga, então capitania de Pernambuco, atual estado de Alagoas. Seu nascimento coincide com a primeira expedição enviada contra o quilombo após a expulsão dos holandeses. Durante a operação, que fez inúmeros prisioneiros, foi encontrada "uma cria do sexo masculino com escassos dias de existência". O recém-nascido foi capturado e entregue ao padre português Antônio Melo, do distrito de Porto Calvo, que o batizou com o nome de Francisco e o alfabetizou, fazendo dele mais tarde seu coroinha. Há também relatos em que o religioso destaca a grande inteligência do menino e seu temperamento cordato. Mas, para grande surpresa do pároco, em 1670, Zumbi, então com 15 anos, foge para se juntar aos milhares de "negros levantados" que haviam se refugiado nas povoações da Serra da Barriga. De acordo com Clóvis Moura, a "República de Palmares" foi "a maior manifestação de rebeldia e organização política, militar e econômica contra

---

[3] FREITAS, Décio. *Palmares: a guerra dos escravos.* 5ª ed. Porto Alegre: Mercado Aberto, 1984.

o escravismo na América Latina".[4] O historiador prossegue afirmando que Zumbi, com apenas 17 anos, foi eleito "maioral" pelos habitantes do mocambo em que vivia. A partir de então, passou a fazer parte do conselho formado pelos líderes das povoações junto ao "rei" Ganga Zumba, também escolhido pela população em função de seus méritos de combatente. Moura afirma ainda que os palmarinos "formaram naquele lugar a maior tentativa de autogoverno dos negros fora do Continente Africano".[5] Em 1678, Ganga Zumba celebrou um armistício com os brancos, perdendo prestígio, e se afastou do quilombo, sendo substituído por Zumbi. Com o reinício das hostilidades, o jovem líder vai aos poucos aprimorando seus métodos de estrategista, sendo hoje caracterizado como "general" pelos estudiosos, em função de suas habilidades na arte da guerra. Na biografia que escreveu do líder, Joel Rufino dos Santos caracteriza-o como o "preto pequeno e magro que venceu mais batalhas do que todos os generais da História brasileira juntos".[6] De fato, foram dezessete anos comandando os quilombolas em dezenas de confrontos, nos quais, em inúmeras ocasiões, os revoltosos tomaram a iniciativa e atacaram. Zumbi dos Palmares morreu no dia 20 de novembro de 1695, após fugir da expedição vitoriosa comandada pelo bandeirante paulista Domingos Jorge Velho e, em seguida, ser traído por um de seus comandados, Antônio Soares, que o apunhalou quando o líder se preparava para abraçá-lo. Atualmente, a data de sua morte é celebrada como Dia Nacional da Consciência Negra, sendo, inclusive, feriado em algumas capitais do país. Para Nei Lopes, "a experiência palmarina foi a maior e mais longa contestação à ordem escravista em todo o mundo e em todos os tempos. Por extensão — e mesmo por ter sido Palmares um reduto que abrigava negros, índios e brancos pobres —, a saga de Zumbi constitui um rico episódio da luta contra o racismo".[7]

[4] MOURA, Clóvis. *Dicionário da escravidão negra no Brasil*. São Paulo: Edusp, 2004, p. 347.
[5] MOURA, Clóvis. *Rebeliões da senzala*. 3ª ed. São Paulo: Livraria Editora Ciências Humanas, 1981, p. 185.
[6] SANTOS, Joel Rufino dos. *Zumbi*. 7ª ed. São Paulo: Moderna, 1985, p. 27.
[7] LOPES, Nei. *Enciclopédia brasileira da diáspora africana*. São Paulo: Selo Negro, 2004, p. 511.

Luiz Gama

Luiz Gonzaga Pinto da Gama nasceu livre, em Salvador (BA), em 21 de julho de 1830, mas, aos 10 anos, foi vendido como escravo pelo próprio pai. Parte de sua infância é narrada pelo autor em famosa carta publicada antes de sua morte: "Sou filho natural de uma negra, africana livre, da Costa Mina (Nagô de Nação), de nome Luiza Mahin. [...] Dava-se ao comércio — era quitandeira, muito laboriosa, e mais de uma vez, na Bahia, foi presa como suspeita de envolver-se em planos de insurreições de escravos, que não tiveram efeito. Era dotada de atividade. Em 1837, depois da revolução do dr. Sabino, na Bahia, veio ela ao Rio de Janeiro, e nunca mais voltou."[8] O autor descreve também o pai — um fidalgo baiano de origem portuguesa — dominado pelo vício do jogo que, em poucos anos, fez com que ele estivesse "reduzido à pobreza extrema". E conta em seguida que, "em 10 de novembro de 1840 [...] vendeu-me como seu escravo, a bordo do patacho 'Saraiva'."[9] Luiz Gama foi então levado para o Rio de Janeiro e, de lá, para Santos e, depois, Campinas, em São Paulo, sendo comprado pelo alferes Antonio Pereira Cardoso. Permaneceu escravo até 1848, quando fugiu e se alistou no exército. Em 1856, já com documentos comprobatórios de sua origem de homem livre, assumiu cargo na Secretaria de Polícia, onde atuou até 1868, quando foi demitido em função de suas ideias abolicionistas e republicanas. Em 1859, publicou seu livro *Trovas burlescas de Getulino*, em que homenageia antiga região africana conhecida como "Getúlia" e satiriza os brancos escravocratas. Luiz Gama tornou-se conhecido como jornalista, poeta e militante da abolição. Como rábula (advogado prático), conseguiu a liberdade de mais de quinhentos escravos. Deixou inúmeros escritos, entre poemas, artigos, cartas e documentos jurídicos. Morreu em agosto de 1852 sem ver concretizado o sonho de sua vida — o fim da escravidão no Brasil.[10]

---

[8] Cf. "Carta a Lúcio de Mendonça". In: FERREIRA, Lígia Fonseca. *Com a palavra, Luiz Gama*: poemas, artigos, cartas, máximas. São Paulo: Imprensa Oficial do Estado de São Paulo, 2011, p. 199. Também disponível em: <www.letras.ufmg.br/literafro>.

[9] Ibidem, p. 200.

[10] Para mais informações, cf. *Literatura afro-brasileira: 100 autores do século XVIII ao XXI*

Chica da Silva

Francisca da Silva de Oliveira, conhecida como Chica da Silva, nasceu em 1734, no arraial de Milho Verde, atualmente distrito da cidade de Serro (MG), filha do português Antônio Caetano de Sá e da africana Maria da Costa. Passou a maior parte de sua vida no antigo arraial do Tijuco, hoje Diamantina (MG). Foi escrava de Francisco da Silva Oliveira até conhecer o contratador de diamantes João Fernandes de Oliveira, com quem passou a viver e teve doze filhos. Sendo o contratador homem de confiança do poder colonial e responsável pelo controle da mineração realizada no território, logo o companheiro de Chica tornou-se uma das figuras mais ricas e poderosas de toda Minas Gerais. Segundo o estudioso Joaquim Felício dos Santos, a ex-escrava tinha total domínio sobre o amante, que a obedecia cegamente e procurava realizar todos os seus desejos.[11] Famosa pelo luxo com que se apresentava à sociedade, tornou-se referência obrigatória para todos os que desejavam obter favores ou concessões de quem representava o rei de Portugal naquela localidade. Segundo Nei Lopes, Chica da Silva foi "protetora das artes, ajudou a projetar o compositor Lobo de Mesquita; fundou uma importante escola de pintura no arraial; ajudou a consolidar o Convento de Macaúbas, onde educou nove filhas. Teve, além de uma filha freira e um filho padre e outro desembargador, seu primogênito, Simão Pires Sardinha, reconhecido como um dos maiores naturalistas brasileiros do século XVIII".[12] Chamada pelo povo do Tijuco de "Chica que manda", a negra rica e poderosa fez história, tornando-se uma das personagens mais célebres de todo o Ciclo do Ouro no Brasil. Joaquim Felício dos Santos lembra ainda que Chica e João Fernandes foram responsáveis pela construção de edifícios de destaque na localidade, como a Igreja do Carmo, entre outros. Já para Clóvis Moura, Chica foi, em seu tempo, "a mulher mais importante de Minas". E conclui: "A fortuna de João Fernandes começou a preocupar a metrópole, que o intimou a regressar a Portugal, de onde nunca mais

[11] SANTOS, Joaquim Felício dos. *Memórias do distrito diamantino*. Rio de Janeiro: Editora e Livraria Castilho, 1924.

[12] LOPES, Nei. *Enciclopédia brasileira da diáspora africana*. São Paulo: Selo Negro, 2004, p. 618.

voltou. Com isso, Chica da Silva viu seu prestígio diminuir, mas, de qualquer maneira, ainda continuou, até morrer, com parte da fortuna que o amante lhe deixou."[13] Segundo consta, morreu no Tijuco em 1796, aos 62 anos.

DESENVOLVIMENTO

1ª ETAPA

Aos alunos: Trazer cola, tesoura, lápis de cor e palitos de picolé.

Divida a turma em grupos de, no máximo, cinco alunos. Escolha um personagem para ser trabalhado em cada grupo.

2ª ETAPA

- Desenhe os personagens da história (em tamanhos de, no mínimo, meia folha ofício).
- Pinte os desenhos (capriche).
- Recorte e cole cada personagem em um palito de picolé.

3ª ETAPA

Monte uma encenação para contar a história das personagens à turma. O melhor contador ganha o prêmio de *griot* ou *griotte*.

4ª ETAPA

Atividade para os alunos

Escolha um personagem da tradição oral ou da história afro-brasileira. Faça uma pesquisa e traga informações para a turma.

---

[13] MOURA, Clóvis. *Dicionário da escravidão negra no Brasil*. São Paulo: Edusp, 2004, p. 98-99.

5ª ETAPA

Leitura do livro *A "verdadeira" história do Saci Pererê*, de Anderson Feliciano.

Atividades para os alunos

1. A partir da "entrevista" concedida por Saci, responda às questões a seguir:
   a. De onde veio o Saci? Quem são seus parentes?
   b. Por que as pessoas confundem o Saci e seus parentes com diabinhos?
   c. Por quantas horas o Saci apronta suas travessuras? E o que ele faz com o tempo que lhe sobra?
   d. E você, também apronta travessuras? Cite algumas.
   e. Por que o Saci tem uma perna só, usa gorro vermelho e está sempre com um cachimbo?
   f. É verdade que ele gosta de assustar os viajantes, queimar as panelas da Tia Nastácia e dar nó na crina dos cavalos? Explique.
   g. Você acha que o Saci-pererê tem muitos amigos? Por quê? Escreva uma carta para ele convidando-o para ser seu amigo.

6ª ETAPA

Leitura do livro *Luana: as sementes de Zumbi*, de Aroldo Macedo e Oswaldo Faustino.

Atividades para os alunos

1. Luana é a personagem principal da história. Como ela se apresenta? Escreva o maior número possível de características que você lembrar.
2. À noite, Luana acorda assustada com um barulho e sente medo das sombras projetadas na parede de seu quarto.
   a. Qual é a sua primeira reação?
   b. De quais ensinamentos ela se lembra?
   c. Então, que atitude ela toma?

d. Você tem medo de alguma coisa? Se tiver, escreva o que o (a) amedronta e como faz para afastar-se desse medo.

3. Em seu encontro com Zumbi, Luana recebeu um saquinho com sementes. O que representavam essas sementes na verdade?
4. Ao chegar da viagem mágica a Palmares, Luana pensa que:

   "[...] hoje, mesmo não sendo mais escravo, ainda falta muito para seu povo ser verdadeiramente livre e ser tratado com todo o respeito a que tem direito."

   O que você entende dessa reflexão?

5. Marque × para indicar os personagens que Luana encontrou durante a viagem.
   a. Padre Antonio Melo, que recebeu Zumbi de presente, e o batizou de Francisco.
   b. Dandara, princesa de Palmares, mãe dos filhos de Zumbi.
   c. Tios de Zumbi: Gama Zumba e Ganga Zona.
   d. Benden, um menino quilombola de Palmares, que diz ter nascido livre.
   e. Rei Zumbi, que lhe dá as boas-vindas e um saquinho de couro com sementes.
   f. Sabina, filha de Aqualume, mãe de Zumbi.
   g. Expedito, homem negro que toca um carro de bois carregado de cana-de-açúcar.
6. Sempre que deseja, Luana toca o seu berimbau mágico e viaja no tempo e no espaço. Desta vez, qual foi o destino da viagem de Luana? Onde e quando nossa heroína foi parar? Desenhe esse lugar da forma que você o imagina.

7ª ETAPA

Leitura do livro Chica da Silva, a mulher que inventou o mar, de Lia Vieira.

Atividades para os alunos

1. Onde vivia Chiquinha? Descreva o local.
2. Quem eram seus pais e qual era a ocupação deles?
3. Chiquinha era uma menina "inventadeira" de modas. Quais eram as brincadeiras prediletas dela?
4. Como se deu o falatório sobre Chiquinha na cidade?
5. De que maneira aconteceu a mudança de Chiquinha da casa do coronel? Como passaram a chamá-la?
6. Como ocorreu a separação de Chica da Silva de seus filhos? Exemplifique esse fato com elementos do texto.
7. "Sabia que uma nova vida lhe reservava o destino." A vida de Chica da Silva mudou. Explique essa mudança na vida dela. Dê exemplos.
8. Ilustre a personagem Chica da Silva de acordo com sua imaginação a partir da narrativa que você acabou de ler.

8ª ETAPA

Leitura do conto "O filho de Luísa", do livro *Gosto de África*, de Joel Rufino dos Santos.

Atividades para os alunos

1. Em sua opinião, por quais motivos Luís tornou-se "rábula", que significa advogado sem diploma? Em sua opinião, por quais motivos Luís tornou-se "rábula", que significa advogdo sem diploma?
2. O autor não menciona de imediato o sobrenome de Luísa e seu filho. Por que isso ocorre?
3. Oliveira vendeu seu filho a compradores de escravos. Explique de acordo com o texto por que isso aconteceu.
4. Segundo o conto, Luísa não era cristã e as autoridades viam isso como um problema. Por quê?

5. "Luísa fazia parte de uma sociedade secreta de negros malês." Explique de acordo com o texto o que isso significa.

9ª ETAPA

Apresente aos alunos a especificidade do Quilombo de Palmares, a sua existência durante quase todo o século XVII, que chegou a ter, de acordo com informações oficiais da época, cerca de 20 mil habitantes. Acredita-se que esse número tenha sido inflado, para justificar a necessidade de uma ação militar. Mesmo assim, Palmares resistiu a vários ataques e representou durante décadas um grande incômodo às autoridades portuguesas e aos senhores de engenho.

Peça que os alunos se organizem em duplas. Solicite que busquem informações sobre Zumbi, sua história, sua luta e seu trágico fim. Peça aos alunos que elaborem um pequeno relatório sobre Zumbi.

Como sequência da pesquisa iniciada na etapa anterior, questione os alunos sobre Zumbi. Inicie, com base nessas informações, um debate acerca desse personagem e a importância de sua luta pela liberdade. Nesse ponto, faça uma relação entre passado e presente, traçando um paralelo entre esse personagem e sua relação direta como símbolo dos movimentos sociais e da luta dos negros contra a discriminação e o preconceito na atualidade. Destaque para os alunos as comemorações do dia Nacional da Consciência Negra, 20 de novembro, data da morte de Zumbi.

A luta de Zumbi e a resistência do Quilombo dos Palmares têm algum significado para a luta dos negros hoje em dia? O que as leis brasileiras nos dizem sobre a luta dos negros no passado e na atualidade?

Avaliação

A avaliação poderá ser feita:

- A partir dos trabalhos em grupo, apresentados e debatidos.
- Por meio da análise das impressões dos alunos sobre os textos lidos.
- Ao avaliar se os alunos compreenderam a resistência e a luta travada pelos escravizados por meio dos quilombos e de personagens como Zumbi dos Palmares.
- Pela correção das fichas de leitura.

Outras sugestões de leitura

Zumbi, de Joel Rufino dos Santos, ilustr. Rogério Borges.
Zumbi, de Jonathas Wagner e Ramatis Jacino, cordel, ilustr. Ideraldo Simões.
Zumbi dos Palmares, de Marcos Antônio Cardoso e Maria de Lourdes Siqueira, ilustr. Carmelita Andrade.
Saruê Zambi!, de Luiz Galdino, ilustr. Rogério Borges.
Luiz Gama, de escravo a libertador, de Júlio Emílio Braz.
Luiz Gama, de Myriam Fraga, ilustr. Camila Mesquita.
Chibata!: João Cândido e a revolta que abalou o Brasil, de Hemeterio e Olinto Gadelha (quadrinhos).
Vultos negros na história do Brasil, de Nelson Silva de Oliveira, ilustr. Krisnas.

SEQUÊNCIA DIDÁTICA 5

DA ORALIDADE AO TEXTO AFRO-BRASILEIRO

Anos: 5º e 6º

1. Ementa

Esta sequência pretende apresentar a importância da oralidade para a formação das culturas africanas e afro-brasileira e introduzir os estudos sobre os folguedos populares presentes em nossa tradição oral.

2. Descritores

Procedimentos de leitura

D1. Localizar informações explícitas em um texto.
D3. Inferir o sentido de uma palavra ou expressão.
D4. Inferir uma informação implícita em um texto.
D6. Identificar o tema de um texto.
D11. Distinguir um fato da opinião relativa a esse fato.

Coerência e coesão no processamento do texto

D2. Estabelecer relações entre partes de um texto, identificando repetições ou substituições que contribuam para a continuidade de um texto.
D7. Identificar o conflito gerador do enredo e os elementos que constroem a narrativa.
D8. Estabelecer relação causa /consequência entre partes e elementos do texto.
Fonte: www.inep.gov.br/Matriz Referência [5º ano do Ensino Fundamental].

3. Objetivos

- Introduzir os estudos sobre os folguedos populares presentes na tradição oral afro-brasileira.

- Incentivar a leitura de textos narrativos das literaturas africana e afro-brasileira.
- Compreender e interpretar textos identificando seus objetivos e conclusões.

4. Conteúdo

- Congado, bumba meu boi, maracatu, jongo, candombe e samba como formas de expressão narrativa e organização social.
- Do oral ao escrito.
- A literatura de cordel.

5. Material necessário

Leituras sugeridas

Maracatu de real realeza e *A calunga e o maracatu*, de Inaldete Pinheiro de Andrade, ilustr. Elaine Bonfim; ilust. Marcelo Figueiredo.
"As pérolas de Cadija", do livro *Gosto de África*, de Joel Rufino dos Santos, ilust. Cláudia Stacamacchia.
Zagaia, de Allan da Rosa, ilust. Marcelo D'Salete.

Sugestões para a pesquisa do professor

FONSECA, Mariana Bracks. "A educação dos escravos pelos tambores — o candombe como educação. Minas Gerais — século XIX". Disponível em: <www.fae.ufmg.br/portalmineiro/>. Acesso em 13/5/2013.
LOPES, Nei. *Enciclopédia brasileira da diáspora africana*. São Paulo: Selo Negro, 2004, p. 145.
FELINTO, Renata. *Culturas africanas e afro-brasileiras em sala de aula: saberes para os professores, fazeres para os alunos*. Belo Horizonte: Fino Traço, 2012.
MOURA, Carlos Alves (Org.). *Diversidade cultural Afro-Brasileira*: ensaios e reflexões. Brasília: Fundação Cultural Palmares, 2012.

6. Tempo estimado: Seis aulas.

PREPARAÇÃO

Professor, providencie cópias dos textos a seguir para os alunos:

FOLGUEDOS POPULARES

Congado

O congado pode ser caracterizado como um sistema religioso sincrético, que acolheu no contexto brasileiro colonial e pós-colonial representações simbólicas de grupos bantos e do catolicismo europeu. Do ponto de vista social, o congado constitui uma experiência de comunidades menos favorecidas, situadas em áreas rurais e periferias dos centros urbanos. Do ponto de vista étnico, é formado por negros, mulatos e brancos. Do ponto de vista religioso, articula-se a partir de matrizes identificadas por metáforas da *ingoma* (que designa a presença de Zambi e Calunga, divindades bantos, e o culto aos antepassados, reconhecidos como os antigos papai, mamãe, vovô, vovó, "nego véio" de Angola) e do *rosário* (que indica a apropriação e a reelaboração de elementos do catolicismo por meio da devoção a Nossa Senhora do Rosário e aos santos negros, como São Benedito e Santa Efigênia).

O auto religioso do congado se apoia basicamente sobre três elementos: a coroação de reis e rainhas, os cortejos e as embaixadas, e as danças rituais.

Atualmente, o congado apresenta diversas configurações em vista da perda, transformação ou acréscimo de novos elementos.[1]

Fonte: PEREIRA, Edimilson de Almeida. *Malungos na escola:* questões sobre culturas afrodescendentes e educação. São Paulo: Paulinas, 2007, p.87-98.

Bumba-meu-boi

Dança dramática típica do Maranhão, mas difundida por todo o Brasil, com nome e variantes locais. O enredo básico do Bumba-meu-boi pode ser assim resumido: Mãe Catirina, negra escrava, mulher

---

[1] MUNANGA, K. *Superando o racismo na escola*. Brasília: Ministério da Educação, Secretaria de Educação Continuada, Alfabetização e Diversidade, 2005.

de Pai Francisco, grávida, sente desejo de comer língua de boi. Mas não de um boi qualquer, e, sim, do mais gordo e bonito da fazenda, preferido do patrão. Pai Francisco mata o boi, arranca-lhe a língua e, descoberto, vai para o tronco, para morrer. Entretanto, ante o apelo de Mãe Catirina, um ritualista, usando de seus poderes, faz reviver o boi, cuja ressurreição é comemorada em uma grande festa.

Fonte: LOPES, Nei. *Enciclopédia brasileira da diáspora africana*. São Paulo: Selo Negro, 2004, p. 145.

Maracatu

O termo maracatu foi utilizado para caracterizar batuques ou bagunça dos negros escravizados. Foi ressignificado pela comunidade negra a partir da organização criada ainda no pátio das senzalas, reduzindo os reinados africanos. No terreiro, dançaram e planejaram as estratégias de liberdade. O maracatu, com sua corte, tinha a formação de um território, onde seus membros estavam ligados por laços históricos, culturais econômicos. Cada maracatu constituía uma ideia da nação. Do ponto de vista religioso e cada maracatu pertence a uma nação de candomblé, em geral a Nação Nagô. A rainha/rei são personagens principais do cortejo do maracatu-nação. No maracatu tradicional, o rei e a rainha recebiam completo reconhecimento da sua corte. De forma geral, as rainhas das nações de maracatu são ialorixás. Na comunidade são madrinhas, exercendo uma autoridade de liderança comunitária.

O cortejo: rainha e rei desfilam no meio do séquito, com ricos trajes em veludo bordado em pedrarias. Estão protegidas por um guarda-sol colorido denominado pálio, que deve girar sempre, carregado por um escravo ou pajem. Nas mãos, espadas e cedros. Em torno de rei e rainha dançam príncipes, princesas e demais representantes da corte. Mais à frente, baianas ricas e catirinas, que respondem às toadas ou às loas. Essas personagens (na maioria filhas de santo) têm indumentária que remete diretamente ao candomblé. Chamam a atenção no grupo as damas-do-paço, conduzindo uma ou mais calungas. Escravos, às vezes munidos de instrumentos de trabalho e o porta-estandarte, trajado à Luís XV, completam o cortejo.

Fonte: ANDRADE, Inaldete Pinheiro. *A calunga e o maracatu*. Recife: Prefeitura. Secretaria de Cultura, 2007.

Jongo/caxambu

O jongo/caxambu é uma forma de expressão que integra percussão de tambores, canto e dança. Característico da região Sudeste do país, era praticado pelos trabalhadores escravizados de origem banto nas lavouras de café e de cana-de-açúcar, como forma de lazer e resistência à dominação colonial. Foram eles e seus descendentes que, em suas comunidades, mantiveram e transmitiram às novas gerações os saberes, práticas e valores contidos nessa manifestação. No Sudeste brasileiro, em muitas das comunidades com descendentes de escravos, o jongo desapareceu, tanto pela dispersão de seus praticantes, em consequência da migração e dos processos de urbanização, como pelo obscurecimento dessas práticas por outras expressões de maior apelo junto ao crescente mercado de bens simbólicos. Ou também devido à vergonha motivada pelo preconceito, expresso pelos segmentos da sociedade abrangente, relativo às práticas culturais afro-brasileiras.

Fonte: <http://www.pontaojongo.uff.br/historia-memoria-e-patrimonio>.

Candombe

O candombe é, simultaneamente, uma guarda e um ritual e, por isso, tem desafiado tanto os devotos quanto os estudiosos. Ele ocupa bastante espaço na produção discursiva dos devotos. Suas narrativas e cantos revelam importantes relações entre o imaginário e a realidade social, situando-o como evento em que se cruzam diferentes formas de conhecimento e de vivência religiosa.

As referências ao ritual mais conhecidas procedem dos estudos de Artur Ramos, Renato Almeida, Roger Bastide e Luís da Câmara Cascudo. Os autores comentaram uma modalidade de candombe registrada na região do Vale do Rio da Prata e não definem com precisão a existência de um candombe brasileiro. A celebração do candombe no Vale do Rio da Prata esteve vinculada às práticas religiosas do período natalino, do Ano-Novo e também às festas dos santos negros. A dança se desdobra a partir dos movimentos do devoto que se apresenta diante dos tambores e o ritual convoca para a prática religiosa e se consolida nas reflexões sobre o sagrado que permeiam as narrativas.

Fonte: PEREIRA, Edimilson de Almeida. *Malungos na escola:* questões sobre culturas afrodescendentes e educação. São Paulo: Paulinas, 2007, p. 98-101.

Samba — umbigada

Segundo especialistas no assunto, Lopes[2] e Mukuna,[3] entre outros, a palavra *samba* é originária do quimbundo *semba*, que significa umbigada, e dá nome a uma dança tradicional dessa etnia, em que o passo principal é justamente a umbigada entre um homem e uma mulher. Essa maneira de dançar é encontrada em diferentes regiões do Brasil. Em razão de a grande maioria dos portugueses desconhecer idiomas africanos, e dado que os negros davam nomes às suas danças, todas elas manifestações musicais em que há a presença do tambor e da umbigada, ficaram conhecidas como "batuque". O termo, de comprovada origem portuguesa, é oriundo do termo "bater" e chegou até nós através dos relatos de cronistas e viajantes europeus ou brasileiros, que se interessavam em descrever esssa "curiosa" prática dos africanos e seus descendentes.

Fonte: FELINTO, Renata. *Culturas africanas e afro-brasileiras em sala de aula:* saberes para os professores, fazeres para os alunos. Belo Horizonte: Fino Traço, 2012, p. 46.

DESENVOLVIMENTO

1ª ETAPA

Providencie para os alunos cópias dos textos dos folguedos populares. Prepare o varal de leituras com os folguedos (recorte os textos e pendure no varal):

---

[2] LOPES, Nei. *Novo dicionário banto do Brasil*. Rio de Janeiro: Pallas, 2003.

[3] MUKUNA, Kazadi wa. *Contribuição banto na música popular brasileira: perspectivas etnomusicológicas*. São Paulo: Terceira Margem, 2006.

- Congado
- Bumba meu boi
- Maracatu
- Jongo/caxambu
- Candombe
- Samba

2ª ETAPA

- Divida a turma em grupos de no máximo cinco alunos.
- Oriente a turma para que cada grupo pegue um texto.
- Promova a leitura dos textos em sala de aula.
- Peça aos alunos que discutam o texto.

3ª ETAPA

Cada grupo deverá criar uma forma de apresentação para o texto lido (momento de contação de histórias). Após todos os grupos terem se apresentado, o professor deve esplanar uma conclusão com base nas apresentações e nas habilidades que intencionava suscitar nos alunos.

4ª ETAPA

Leitura dos livros *Maracatu de real realeza* e *A calunga e o maracatu*, de Inaldete Pinheiro de Andrade.

Atividades para os alunos

1. Leia o seguinte trecho, retirado do livro *Maracatu de real realeza*, de Inaldete Pinheiro de Andrade: "Negros e negras de diversos lugares da África foram trazidos para serem escravizados no Brasil", e explique: como era o trabalho dos negros trazidos da África?
2. De que maneira os negros passavam os domingos (dias de folga)?
3. Segundo o texto, o que é a calunga?
4. "A formação de um maracatu deu origem a muitos outros em diversos lugares em Pernambuco." Onde nasceu o primeiro? Explique como foi criado o maracatu.

5. Nem todos os maracatus sobreviveram, porém, três deles ainda resistem. Quais são eles? Dê exemplos.

5ª ETAPA

Leitura do conto "As perólas de Cadija", do livro *Gosto de África*, de Joel Rufino dos Santos.

Atividades para os alunos

1. Cadija, em sua opinião, era uma boa menina? Justifique sua resposta.
2. Sua madrasta a maltratava por temer algo. O que era?
3. "O feitiço virou contra o feiticeiro." Associe essa frase aos acontecimentos do conto.
4. "A madrasta de Cadija a perseguia a todo momento." Explique a frase e dê exemplos.

6ª ETAPA

Leitura do livro *Zagaia*, de Allan Santos da Rosa.

Atividades para os alunos

1. De onde veio a família de Zagaia? Quem veio com ele?
2. Explique a expressão "pai sempre na carrocinha".
3. Segundo o narrador, como é o dia a dia na periferia paulistana? Dê exemplos de acordo com o texto.
4. De acordo com o texto, como Zagaia definia os patrões? Por quê?
5. Você concorda que a vida de Zagaia se parece com a de pessoas que vivem em várias periferias espalhadas pelo Brasil? Explique sua resposta.
6. Pesquise sobre a literatura de cordel.

Avaliação

A avaliação poderá ser feita:

- A partir dos trabalhos em grupo, apresentados e debatidos.
- Por meio da análise das impressões dos alunos sobre os textos lidos.
- Pela correção das fichas de leitura.

Outras sugestões de leitura

Congado para crianças, de Edimilson de Almeida Pereira, ilustr. Rubem Filho.
Viva o boi bumbá, de Rogério Andrade Barbosa, ilustr. Graça Lima.
O menino, a goiabeira e a porta-bandeira, de Alexandre Henderson, ilustr. Elvis Pereira da Silva.
O caçador popular, de Maurício Pestana, texto e ilustração.
Tequinho, o menino do samba e *Tequinho e o ensaio da bateria*, de Neusa Rodrigues e Alex Oliveira, ilustr. Mello Menezes.

SEQUÊNCIA DIDÁTICA 6

INTRODUÇÃO À LITERATURA AFRO-BRASILEIRA

Anos: 7º ao 9º

1. Ementa

Esta sequência pretende apresentar uma introdução aos estudos sobre literatura afro-brasileira. Faremos um panorama literário e estético em torno do tema central.

2. Descritores

Procedimentos de leitura

D1. Localizar informações explícitas em um texto.
D3. Inferir o sentido de uma palavra ou expressão.
D4. Inferir uma informação implícita em um texto.
D6. Identificar o tema de um texto.
D11. Distinguir um fato da opinião relativa a esse fato.
Fonte: www.inep.gov.br/Matriz Referência [9º ano do Ensino Fundamental].

3. Objetivos

- Introduzir os estudos sobre a literatura afro-brasileira.
- Incentivar a leitura de textos da literatura afro-brasileira.
- Compreender e interpretar textos.
- Estudar os elementos da narrativa.
- Estudar e praticar os elementos constitutivos do gênero "carta pessoal".

4. Conteúdo

- A literatura brasileira como constelação multicultural de diferenças
- Características da literatura afro brasileira.

5. Material necessário

Leituras sugeridas

Indira, de Jussara Santos, ilustr. Vívien Gonzaga.

Na cor da pele, de Júlio Emílio Braz, ilustr. Rogério Borges.

Pretinha, eu?, de Júlio Emílio Braz, ilustr. Renato Alarcão.

Os nove pentes d'África, de Cidinha da Silva, ilustr. Iléa Ferraz.

Sugestões para a pesquisa do professor

DEBUS, Eliane. "A cultura africana e afro-brasileira na literatura para crianças e jovens: negação ou construção de uma identidade?" In: *Leitura. Teoria & Prática*, vol. 1, p. 38-43, 2008.

DEBUS, Eliane. "Meninos e meninas negras na literatura infantil brasileira: (des)velando preconceitos". In: *Revista Perspectiva*, vol. 28, n. 1. Florianópolis, 2010. doi: 10.5007/2175-795X.2010v28n1p191. Disponível em: <www.periodicos.ufsc.br/index.php/perspectiva/article/view/19497>.

DUARTE, Eduardo de Assis. "Literatura e afrodescendência", disponível em: <www.letras.ufmg.br/literafro>.

DUARTE, Eduardo de Assis. "Por um conceito de literatura afro-brasileira", disponível em: <www.letras.ufmg.br/literafro>.

PEREIRA, Edimilson de Almeida. "Panorama da literatura afro-brasileira", disponível em: <www.letras.ufmg.br/literafro>.

SOUZA, Andréia Lisboa. "Personagens negros na literatura infantil: rompendo estereótipos". In: *Racismo e anti-racismo na educação*. Eliane Cavalleiro (Org.). São Paulo: Selo Negro, 2001, p. 195-213.

6. Tempo estimado: Seis aulas.

PREPARAÇÃO

Leia os artigos teóricos "Panorama da literatura afro-brasileira", de Edimilson de Almeida Pereira, "Literatura e afrodescendência" e "Por um conceito de literatura afro-brasileira", de Eduardo de Assis Duarte.

DESENVOLVIMENTO

1ª ETAPA

Professor: escreva no quadro o seguinte esquema:

Introdução à literatura afro-brasileira

A literatura brasileira é como uma constelação — um conjunto de estrelas[1] reunido para expressar nas letras toda a riqueza cultural do país. Ao lado dos autores consagrados, também se fazem presentes as vozes afro-brasileiras, femininas, indígenas e outras, cada qual com sua contribuição para a literatura nacional em suas diversas formas e expressões.

Algumas especificidades (características) da literatura afro-brasileira são:

- Autoria afrodescendente.
- Linguagem identificada à herança afro: vocabulário, ritmos, entonações.
- Expressão do ponto de vista do negro sobre a realidade brasileira.
- Recuperação da história dos africanos e seus descendentes no país.
- Incorporação de elementos da cultura e dos costumes do povo negro.

Exponha item por item os componentes do esquema colocado no quadro.

2ª ETAPA

Prepare as "frases-mote":[2] recorte-as, dobre uma a uma e coloque em um recipiente (pode ser um envelope pardo, ou saquinho de TNT, ou saquinho de pano, ou caixa de sapato decorada, ou latinha colorida).

---

[1] Professor, utilize a constelação da bandeira do Brasil para facilitar a explicação. Pode-se montar uma bandeira coletiva indicando as literaturas citadas.

[2] Frases-mote = frases motivadoras. Visam incentivar o debate e as intervenções dos estudantes.

Frases-mote

Literatura afro-brasileira: Produção em prosa ou verso de autoria afrodescendente voltada para a representação da identidade afro-brasileira, da história dos negros no Brasil e das questões passadas e presentes, ligadas ao preconceito racial, a partir do ponto do vista específico dessa população.

Identidade: Do latim *identitas*. A identidade é o conjunto das características, dos traços próprios de um indivíduo ou de uma comunidade. Esses traços caracterizam o sujeito ou a coletividade perante os demais.

Alteridade: A existência do "eu-individual" só se realiza mediante o contato com o outro. A alteridade (ou outridade) assinala a existência do "outro", do "diferente". Nas sociedades contemporâneas, os grupos considerados "minoria" (não em quantidade, mas em termos de poder financeiro, social ou cultural) compõem a alteridade, pois estão à margem desse poder. Alguns desses grupos são: negros, mulheres, homossexuais, índios e judeus, entre outros.

Hegemonia: Preponderância do ponto de vista do pensamento e dos valores (sociais, morais, estéticos) de determinado grupo social, raça/etnia, ou mesmo de um estado ou nação em relação aos demais. Supremacia, domínio, proeminência, influência absoluta.

Diversidade: Heterogeneidade, multiplicidade, pluralidade, variedade. Diferença, dessemelhança, variedade de tipos de pessoas (cor de olhos, cor de pele, cabelos, caráter, personalidade, humor, classe social, crenças), bem como de suas manifestações culturais e formas de expressão oral ou escrita.

Preconceito: Tirar conclusões precipitadas, errôneas e impensadas sobre alguém, algo ou situação. Existe preconceito contra classe social, raça/etnia, sexo, orientação sexual, tipo físico.

Racismo: Preconceito contra uma raça ou agrupamento étnico; sistema que afirma a superioridade de um grupo racial relativamente aos outros.

Consciência identitária: Ter consciência de quem é você (suas origens, seus ideais, suas crenças, seus desejos).

Consciência afro: Saber-se de origem negra, ter orgulho de suas raízes africanas.

Autoestima: A valorização de si, de sua beleza. A questão das diferenças: cada um tem a própria beleza, não há uma beleza única.

Divida a turma em grupos de, no máximo, cinco alunos. Organize um círculo de debates, coloque o recipiente com as "frases-mote" em uma mesa no centro do círculo. Peça a cada grupo que envie um representante para retirar uma "frase-mote". Explique que o grupo deverá refletir sobre a frase proposta e criar uma forma de explicá-la à turma.

Após todos os grupos terem se apresentado, o professor deve esplanar uma conclusão com base nas apresentações e nas habilidades que intencionava suscitar nos alunos.

3ª ETAPA

Peça aos alunos que façam uma leitura dos livros *Na cor da pele* e *Pretinha, eu?*, de Júlio Emílio Braz. Crie condições para que os alunos desenvolvam uma compreensão ampla e profunda do texto, dando a eles mecanismos de se posicionarem consciente e criticamente diante do texto, possibilitando-lhes argumentar e emitir opiniões a respeito do que leram.

4ª ETAPA

Atividades para os alunos

Peça aos alunos para preencherem o fichamento de leitura seguinte, referente ao livro *Na cor da pele*, de Júlio Emílio Braz, e responderem às questões a seguir:

Fichamento de leitura		
Texto: Autor:		
Data de publicação:		
Nome da personagem	Características físicas	Características psicológicas

1. Qual o principal assunto tratado na obra?
2. No primeiro momento, baseando-se apenas no título do livro, foi possível saber do que a obra tratava?
3. Um dos temas abordados no livro é a contradição de um dos pilares da identidade brasileira: a mistura de raças. A partir da leitura da obra, explique o conflito vivenciado pelo protagonista. Fale um pouco sobre ele.
4. Faça um pequeno resumo da história que leu.

5ª ETAPA

Atividades para os alunos

Peça aos alunos para preencherem o fichamento de leitura seguinte, referente ao livro *Pretinha, eu?*, de Júlio Emílio Braz, e responderem às questões a seguir:

Fichamento de leitura		
Texto: **Autor:**		
Data de publicação:		
Nome da personagem	**Características físicas**	**Características psicológicas**

1. Qual o principal assunto tratado na obra?
2. O livro *Pretinha, eu?* aborda a questão do preconceito racial de forma direta e objetiva e, com isso, o autor mostra quão difícil é desconstruir um conceito histórico socialmente arraigado nos

sujeitos. A partir da leitura do livro, explique quais pontos de vista (visões de mundo) começam a ser (re) avaliados na obra.

3. Percebe-se que o texto deixa evidentes dois perfis distintos: o do negro oriundo de uma família desprestigiada socialmente, vítima de preconceito por causa de sua origem, e o do outro, que nega suas raízes, por fazer parte da classe média. Identifique esses fatos na obra e explique-os.
4. Fale um pouco sobre a protagonista da história.
5. Faça um pequeno resumo da história que leu.

6ª ETAPA

Peça aos alunos que leiam o livro *Indira*, de Jussara Santos.

Atividades para os alunos

1. Uma das inquietações da protagonista gira em torno do seu nome, Indira. Por que os pais a nomearam assim? Qual a origem desse nome?
2. Investigue que povos da África foram trazidos para o Brasil? Quais são seus aspectos culturais?
3. De que raízes africanas o pai de Washington fala no livro?

Produção de texto

Ao final da narrativa, Indira recebe uma carta de Washington. Que tal imaginar o que ele escreveu nessa carta e escrevê-la? Não se esqueça dos elementos que constituem a carta (data, local, vocativo, assinatura, entre outros).

7ª ETAPA

Leitura do conto "Do amor e da alegria", do livro *Os nove pentes d'África*, de Cidinha da Silva.

1. Na frase: “Era tanto encanto que uma dezena de Bernas coloridas dançavam e cantavam na cabeça do avô [...]”, pode-se dizer que a linguagem utilizada é figurativa?
2. O que acontecia quando as mãos de Vô Francisco formigavam?
3. Quais foram as coisas que Vô Francisco esculpiu e construiu? Quais delas têm relação com a cultura africana?
4. O que deixava o garoto mais admirado com o Vô Francisco?
5. Como ficou a meninada quando Vó Berna interrompe a viagem (as histórias) do Vô Francisco com as crianças?

Avaliação

A avaliação poderá ser feita:

- A partir dos trabalhos em grupo apresentados e debatidos.
- Por meio da análise das impressões dos alunos sobre os textos lidos.
- Pela correção das fichas de leitura.

Outras sugestões de leitura

Quatro dias de rebelião, de Joel Rufino dos Santos.
Escravo e guerreiro, de Jair Vitória.
Contos negros da Bahia, de Mestre Didi.
Contos de nagô, de Mestre Didi.
Amani, de Jorge Dikamba, ilustr. Juliana Buli.
Um conto de fim de mundo: drama da prostituição infantil, de Júlio Emílio Braz, ilustr. T.J.R. Estúdio Gráfico.
Contos e crônicas do Mestre Tolomi, de Paulo Cesar Pereira de Oliveira, ilustr. Wilde Maurício.

SEQUÊNCIA DIDÁTICA 7

INTRODUÇÃO À NARRATIVA AFRO-BRASILEIRA

Anos: 7º ao 9º

1. Ementa

Esta sequência pretende apresentar uma introdução aos estudos da narrativa afro-brasileira. Faremos um panorama literário e estético em torno do tema central.

2. Descritores

Procedimentos de leitura

D1. Localizar informações explícitas em um texto.
D3. Inferir o sentido de uma palavra ou expressão.
D4. Inferir uma informação implícita em um texto.
D6. Identificar o tema de um texto.
D11. Distinguir um fato da opinião relativa a esse fato.

Coerência e coesão no processamento do texto

D2. Estabelecer relações entre partes de um texto, identificando repetições ou substituições que contribuam para a continuidade de um texto.
D7. Identificar o conflito gerador do enredo e os elementos que constroem a narrativa.
D8. Estabelecer relação causa/consequência entre partes e elementos do texto.
Fonte: www.inep.gov.br/Matriz Referência [5º ano do Ensino Fundamental].

Coerência e Coesão no Processamento do Texto

D2. Estabelecer relações entre partes de um texto, identificando repetições ou substituições que contribuem para a continuidade de um texto.
D10. Identificar o conflito gerador do enredo e os elementos que constroem a narrativa.

D11. Estabelecer relação causa/consequência entre partes e elementos do texto.

D15. Estabelecer relações lógico-discursivas presentes no texto, marcadas por conjunções, advérbios etc.

Fonte: www.inep.gov.br/Matriz Referência [9º ano do Ensino Fundamental].

3. Objetivos

- Introduzir os estudos sobre a narrativa afro-brasileira.
- Incentivar a leitura de textos narrativos da literatura afro-brasileira.
- Compreender e interpretar textos.
- Estudar os elementos do texto narrativo

4. Conteúdo

- Narrativa afro-brasileira: estética e aspectos históricos.
- Elementos da narrativa: narrador, personagens, enredo, espaço, tempo, clímax e desenlace.

5. Material necessário

Leituras sugeridas

Felicidade não tem cor, de Júlio Emílio Braz, ilustr. Odilon Moraes.
Leite de peito, de Geni Guimarães, ilustr. Regina Miranda.
Os Zebras e os Poucas-Sombras, de Júlio Emílio Braz, ilustr. Salmo Dansa.

Sugestões para a pesquisa do professor

DEBUS, Eliane. “Meninos e meninas negras na literatura infantil brasileira: (des)velando preconceitos”. In: Revista Perspectiva, vol. 28, n. 1. Florianópolis, 2010. doi: 10.5007/2175-795X.2010v28n1p191. Disponível em: <http://www.periodicos.ufsc.br/index.php/perspectiva/article/view/19497>.
DEBUS, Eliane. “A cultura africana e afro-brasileira na literatura para crianças e jovens: negação ou construção de uma identidade?”. In: *Leitura, Teoria & Prática*, vol. 1, p. 38-43, 2008.
ROSEMBERG, Fúlvia. “Discriminações étnico-raciais na literatura infantojuvenil brasileira”. *Rev. Brasileira de Biblioteconomia*, São Paulo, 1979.
SOUZA, Andréia Lisboa. “Personagens negros na literatura infantil: rompendo estereótipos”. In: CAVALLEIRO, Eliane (Org.). *Racismo e anti-racismo na educação*. São Paulo: Selo Negro, 2001, p. 195-213.

SOUZA, Andréia Lisboa. "O exercício do olhar: etnocentrismo na literatura infantojuvenil". In: PORTO, Maria do Rosário S. et. al. (Org.). *Negro, educação e multiculturalismo*. São Paulo: Panorama, 2002.

6. Tempo estimado: Três aulas.

PREPARAÇÃO

Leia os artigos "Panorama da literatura afro-brasileira", de Edimilson de A. Pereira, "Literatura e afrodescendência" e "Por um conceito de literatura afro-brasileira", de Eduardo de Assis Duarte.

DESENVOLVIMENTO

1ª ETAPA

Providencie para os alunos cópias do esquema a seguir, ou escreva no quadro:

Introdução à narrativa afro-brasileira: elementos

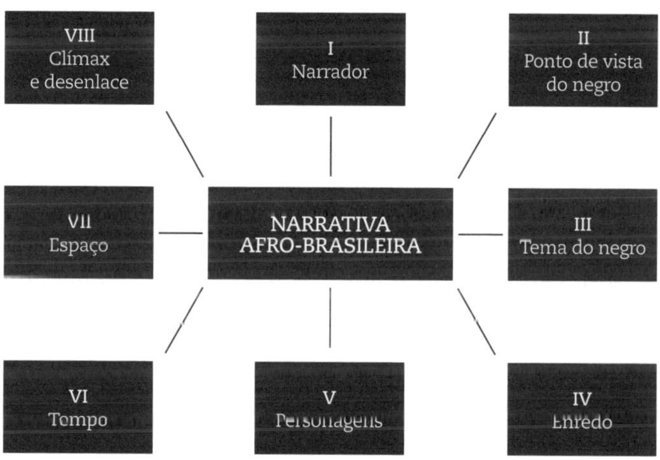

Conteúdo para estudar

Narrativa/narração

Texto narrativo é aquele que desenvolve um enredo fictício, verídico, ou que se apropria de acontecimentos históricos como base para a criação literária. Pode tomar a forma de conto (narrativa curta marcada quase sempre pela unidade de ação, tempo e espaço), novela (narrativa média, podendo ter diversas ações em tempos e espaços distintos) ou romance (narrativa longa que, em geral, comporta uma multiplicidade de ações, tempos e espaços). Em todas essas modalidades, podem se desenvolver enredos de natureza social, psicológica, histórica, de amor, aventuras e outras, conforme a ênfase dada pelo escritor.

Os elementos da narrativa são:

Narrador: "voz" que conta a estória e conduz o leitor.
Personagens: seres vivos (humanos ou não) que desenvolvem as ações do enredo a partir de suas características físicas e psicológicas.
Enredo: sucessão de ações que compõem a trama (ou estória).
Espaço: lugar onde se dão as ações.
Tempo: momento em que acontece(m) a(s) ação(ões).
Ponto de vista: perspectiva, visão de mundo.
Clímax: momento mais importante do enredo, no qual se resolve o conflito.
Desenlace: momento que sucede o clímax, ponto final do enredo (vamos estudar no próximo ano).

2ª ETAPA

Peça aos alunos que leiam o livro *Leite do peito,* de Geni Guimarães. Solicite que eles escolham um dos contos e preencham o fichamento com os itens a seguir:

Fichamento de leitura	
Texto: Autor:	
Narrador	
Ponto de vista do negro	
Tema do negro	
Enredo	
Personagens e suas características físicas e psicológicas	
Tempo	
Espaço	
Clímax e desenlace	

3ª ETAPA

Atividade do conto "Enterro da barata", do livro *Leite do peito,* de Geni Guimarães.

1. Por qual motivo o narrador resolve manter contato com as pessoas só em caso de extrema necessidade?
2. O narrador aprende a falar com os animais, imitar os pássaros e outras coisas. Como ele os caracteriza?
3. "Foi por isso que me botaram uma correntinha com um crucifixo no pescoço." Explique essa frase de acordo com o texto.
4. Qual foi a reação do narrador ao encontrar uma barata morta na horta? Narre o que aconteceu.
5. Quem era dona Chica Espanhola?

6. Por que o narrador parou de conversar com os animais e de imitá-los?

4ª ETAPA

Peça aos alunos que leiam o livro *Felicidade não tem cor*, de Júlio Emílio Braz. Solicite a eles que preencham o fichamento a seguir de acordo com o texto lido.

Fichamento de leitura	
Texto: Autor:	
Narrador	
Ponto de vista do negro	
Tema do negro	
Enredo	
Personagens e suas características físicas e psicológicas	
Tempo	
Espaço	
Clímax e desenlace	

5ª ETAPA

Atividade do livro *Felicidade não tem cor*, de Júlio Emílio Braz.

1. A narrativa conta a história de um menino negro e de seus sentimentos em relação a seus colegas e a sua família, trazendo à tona a questão do preconceito. Quem é o narrador ou a narradora do texto? Descreva-o(a).
2. Maria Mariô, ficou muito aborrecida com a professora quando chegou à escola?

3. Como Fael se sentia diante das outras pessoas?
4. Como era a amizade de Fael e Maria Mariô?
5. Rafael (Fael) decide ir à rádio de Cid Bandalheira pedir o endereço de Michael Jackson. Qual era a sua intenção?
6. Por que ele desistiu de procurar o artista?
7. Como Fael virou uma celebridade?
8. Você se sente bem com suas características físicas? Gostaria de mudar algo em sua aparência? Teria um conselho para dar a garotos ou garotas que se sentem como Fael?

6ª ETAPA

Peça aos alunos que leiam o livro *Os Zebras e os Poucas-Sombras*, de Júlio Emílio Braz. Solicite a eles que preencham o fichamento a seguir de acordo com o texto lido.

Fichamento de leitura	
Texto: Autor:	
Narrador	
Ponto de vista do negro	
Tema do negro	
Enredo	
Personagens e suas características físicas e psicológicas	
Tempo	
Espaço	
Clímax e desenlace	

7ª ETAPA

Atividade do livro *Os Zebras e os Poucas-Sombras*, de Júlio Emílio Braz.

1. Relembre alguns fatos da história, escrevendo F (falso) ou V (verdadeiro) para cada frase.

( ) Foi por causa de uma maldição que os Zebras os Poucas-Sombras se separaram para sempre.

( ) Onde havia um espelho, logo aparecia alguém para se olhar e ver coisas que antes não via e ficar insatisfeito com isso e botar defeito naquilo.

( ) Os Poucas-Sombras são baixinhos de pés redondos e pele azulada. Os Zebras são altos e de pele branca com longas faixas negras ou alaranjadas.

( ) Com o surgimento dos espelhos, os Poucas-Sombras passaram a ser mais respeitados, conseguiram bons empregos e frequentavam as melhores escolas do Vale.

2. Os antigos Zebras e os Poucas-Sombras diziam que com os espelhos se olha apenas para o lado de fora das criaturas. Ainda segundo eles, o que acontece quando se olha nos olhos?
3. Depois que os Pouca-Sombras saíram da cidade, finalmente os Zebras viveram em paz?
4. Aos poucos todos aqueles que eram diferentes cansaram de sofrer com as atitudes preconceituosas dos demais e abandonaram a cidade. Quem foi o único que restou?
5. Procure no dicionário a definição das palavras:
   a. Preconceito
   b. Discriminar
6. Dê um exemplo de atitude preconceituosa.
7. Você já leu outros livros cujo tema é preconceito? Em caso positivo, faça um breve comentário sobre a história.
8. Pergunte aos seus colegas da escola o que, na opinião deles, faria as pessoas mais felizes.

Avaliação

A avaliação poderá ser feita:

- A partir dos trabalhos em grupo apresentados e debatidos.
- Por meio da análise das impressões dos alunos sobre os textos lidos.
- Pela correção das fichas de leitura.

Outras leituras sugeridas

Caroço de dendê, de Mãe Beata de Yemonjá.
Histórias que minha avó contava, de Mãe Beata de Yemonjá.
Cenas urbanas, de Júlio Emílio Braz.
Quando a escrava Esperança Garcia escreveu uma carta, de Sonia Rosa, ilustr. Luciana Justiniani.
"A bailarina", conto de Lande Onawale, disponível em: <www.letras.ufmg.br/literafro>.
"A discórdia do meio" ou "Rosas lilás", contos de Cristiane Sobral, disponíveis em: <www.letras.ufmg.br/literafro>.
"Maria" ou "Di lixão", contos de Conceição Evaristo.

SEQUÊNCIA DIDÁTICA 8

INTRODUÇÃO À POESIA AFRO-BRASILEIRA

Anos: 7º ao 9º

1. Ementa

Esta sequência pretende apresentar uma introdução aos estudos sobre a poesia afro-brasileira. Faremos um panorama literário e estético em torno do tema central.

2. Descritores

Procedimentos de leitura

D1. Localizar informações explícitas em um texto.
D3. Inferir o sentido de uma palavra ou expressão.
D4. Inferir uma informação implícita em um texto.
D6. Identificar o tema de um texto.
D11. Distinguir um fato da opinião relativa a esse fato.
Fonte: www.inep.gov.br/Matriz Referência [Ensino Fundamental].

3. Objetivos

- Introduzir os estudos sobre a poesia afro-brasileira.
- Incentivar a leitura de poesias afro-brasileiras.
- Compreender e interpretar textos e intertextualidades.

4. Conteúdo

- Poesia afro-brasileira.
- Elementos da poesia: poema, verso, ritmo, rima, estrofe e métrica.
- Recursos estilísticos da poesia: figuras de linguagem: metáfora, metonímia, antítese, aliteração, sinestesia, paradoxo, prosopopeia, entre outras.

5. Material necessário

Leituras sugeridas

"Quebranto", de Cuti. Disponível em: <www.letras.ufmg.br/literafro>.
"Sem algemas?", de Lino Guedes. Disponível em: <www.letras.ufmg.br/literafro>.
"Vozes-mulheres", de Conceição Evaristo. Disponível em: <www.letras.ufmg.br/literafro>.
"Canto para ninar Cassul-Buanga" e "Incursões da pele", de Nei Lopes. Disponível em: <www.letras.ufmg.br/literafro>.

Sugestões para a pesquisa do professor

"A imagem da África na poesia afro-brasileira contemporânea", de Moema P. Augel. Disponível em: <www.letras.ufmg.br/literafro>.
"Poesia afro-brasileira: vertentes e feições", de Maria Nazareth Soares Fonseca. Disponível em: <www.letras.ufmg.br/literafro>.

6. Tempo estimado: Seis aulas.

PREPARAÇÃO

Leia atentamente os artigos teóricos "A imagem da África na poesia afro-brasileira contemporânea", de Moema P. Augel e "Poesia afro-brasileira: vertentes e feições", de Maia Nazareth Soares Fonseca. O primeiro trata de escritores negros brasileiros que proclamam uma literatura afro-brasileira, ressaltando a sua africanidade e as suas origens. Trata de autores pouco conhecidos ou não trabalhados pela crítica consagrada, poetas e contistas de todo o Brasil, mas que, mesmo assim, vêm escrevendo e publicando desde a década de 1970. Já o segundo, configura um panorama evolutivo da poesia afro-brasileira das últimas décadas.

Observação: Professor, o esquema referente à Introdução à literatura afro-brasileira e as frases-mote, presentes na Sequência Didática 6, serão muito úteis para o desenvolvimento desta Sequência Didática.

1ª ETAPA

Escreva no quadro o esquema a seguir referente à Introdução à poesia afro-brasileira:

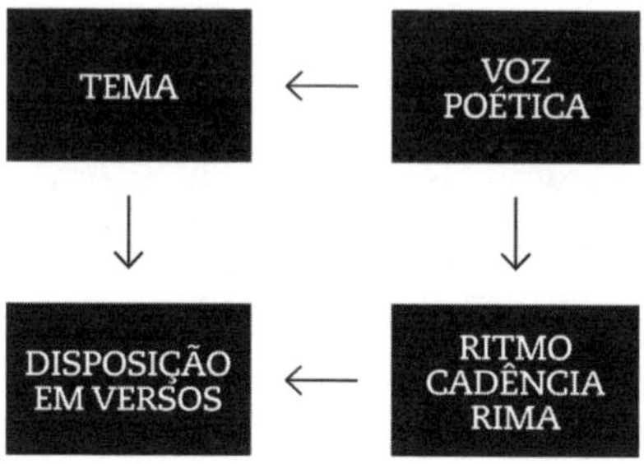

NO QUADRO

O texto *A imagem da África na poesia afro-brasileira contemporânea*, de Moema P. Augel, trata de escritores negros brasileiros que proclamam uma literatura afro-brasileira, ressaltando a sua africanidade e as suas origens, pouco conhecidos ou quase que desconhecidos da crítica consagrada, poetas e contistas de todo o Brasil, que vêm escrevendo e publicando desde a década de 1970, mas que continuam quase completamente ignorados e silenciados.

2ª ETAPA

Providencie para os alunos cópias do texto a seguir:

Elementos da poesia

Poesia: É um gênero literário caracterizado pela composição em versos estruturados de forma harmoniosa. É uma manifestação de beleza e estética retratada pelo poeta em forma de palavras.
Poema: É uma obra literária geralmente apresentada em versos e estrofes (ainda que possa existir prosa poética, assim designada pelo uso de temas específicos e de figuras de estilo próprias da poesia). Efetivamente, existe uma diferença entre poesia e poema. Segundo vários autores, o poema é um objeto literário com existência material concreta, a poesia tem um caráter imaterial e transcendente.
Verso: É cada linha do poema; é uma palavra ou conjunto de palavras com unidade rítmica.
Eu lírico: Voz que se apresenta em primeira pessoa no texto poético.
Ritmo: É a sucessão de sons fortes (sílabas tônicas) e sons fracos (sílabas átonas), repetidos com intervalos regulares ou variados. No poema, as pausas existem não necessariamente sob a forma de sinais de pontuação: as pausas provocam melodia e o ritmo é determinado por elas e pela sequência de sons.
Metrificação: É o estudo da medida dos versos, é a contagem das sílabas poéticas ou sílabas dos versos. As sílabas dos versos são sonoras e sua contagem é feita de maneira auditiva, diferente, portanto, da contagem gramatical que considera o número de sílabas gráficas.
Estrofe: São agrupamentos de versos.
Rima: É a identidade ou semelhança de sons que ocorre no fim dos versos, embora possa ocorrer também no meio do verso (rima interna). O que importa na rima é que haja coincidência de sons (total ou parcial) e não das letras que a formam. A rima acentua o ritmo melódico do texto poético.

Recursos estilísticos da poesia: figuras de linguagem

Metáfora: É o emprego de um termo com significado de outro em vista de uma relação de semelhança entre ambos. É uma comparação subentendida. **Exemplo:** "Meu pensamento é **um rio subterrâneo**" (Fernando Pessoa).

Sinestesia: É uma espécie de metáfora que consiste na união de impressões sensoriais diferentes. **Exemplo:** Um **grito áspero** revelava tudo o que sentia (grito = auditivo; áspero = tátil).

Metonímia: É a substituição do sentido de uma palavra ou expressão por outro sentido, havendo entre eles uma relação lógica. **Exemplo:** Sócrates bebeu a **morte** (= Sócrates tomou **veneno**).

Antítese: Figura de linguagem que consiste no emprego de termos com sentidos opostos. **Exemplo:** "O mito é o **nada** que é **tudo**" (Fernando Pessoa).

Aliteração: Consiste na repetição de sons no início ou no interior das palavras. **Exemplo:** O **r**ato **r**oeu a **r**oupa do **r**ei de **R**oma.

Paradoxo: É uma proposição aparentemente absurda, resultante da reunião de ideias contraditórias. **Exemplo:** Eu sou um velho moço.

Prosopopeia: Também chamada **personificação**, é uma espécie de metáfora que consiste em atribuir características humanas a outros seres. **Exemplo:** As pedras **andam** vagarosamente.

Eufemismo: Consiste em empregar uma **expressão mais suave**, mais nobre ou menos agressiva, para comunicar alguma coisa áspera, desagradável ou chocante. **Exemplo:** Fernando **faltou com a verdade** (= mentiu).

Ironia: Consiste em dizer o contrário do que pensamos, mas dando a entender o tom irônico, geralmente com a intenção de obter uma reação do leitor, ouvinte ou interlocutor, ou seja, pertubá-lo. A ironia estabelece um contraste entre o que se pensa e seu conteúdo. **Exemplo: João é tão esperto** que travou o carro com a chave dentro.

Catacrese: Trata-se de uma metáfora que, dado seu uso contínuo, cristalizou-se. A catacrese costuma ocorrer quando, por falta de um termo específico para designar um conceito, toma-se outro "emprestado". Assim, passamos a empregar algumas palavras fora de seu sentido original. **Exemplos:** "**asa** da xícara", "**batata** da perna" e "**maçã** do rosto".

Resumindo....
Poema: obra em verso em que há poesia

Poesia: Caráter do que emociona, toca a sensibilidade. Sugere emoções por meio de uma linguagem.

Após trabalhar os elementos e os recursos estilísticos da poesia (figuras de linguagem), divida a turma em grupos de, no máximo, cinco alunos.

2ª ETAPA

Providencie cópias para os alunos dos poemas "Quebranto", de Cuti, "Sem algemas?", de Lino Guedes, "Vozes-mulheres", de Conceição Evaristo, "Canto para ninar Cassul-Buanga" e "Incursões da pele", de Nei Lopes.

Promova a leitura dos textos em sala de aula.

Atividades para os alunos

Após a leitura dos textos, prepare as fichas de leitura, recorte-as, entregue-as aos grupos e solicite aos alunos que preencham o fichamento referente ao poema que o grupo irá apresentar:

<table>
<tr><th colspan="5">Fichamento de leitura</th></tr>
<tr><td colspan="5">Texto:
Autor(a):</td></tr>
<tr><td colspan="5">Data de publicação:</td></tr>
<tr><td>Temática/ assunto principal</td><td>Figuras de linguagem</td><td>Rimas, cadência e ritmo</td><td>Visão crítica</td><td>Elementos da cultura negra</td></tr>
<tr><td></td><td></td><td></td><td></td><td></td></tr>
</table>

3ª ETAPA

Após o preenchimento das fichas de leitura, peça aos alunos que discutam os pontos importantes dos poemas e os apresentem para a turma. Depois de todos os grupos terem se apresentado, o professor deve organizar um círculo de debates e esplanar uma conclusão com base nas apresentações e nas habilidades que intencionava suscitar nos alunos.

4ª ETAPA

Leitura e atividade

Leitura do poema "Vozes-mulheres", de Conceição Evaristo:

Atividades para os alunos

1. Explique, de acordo com o poema, o "eco" de cada voz, apresentada pelo eu lírico.
   a. "a voz de minha bisavó"
   b. "a voz de minha avó"
   c. "a voz de minha mãe"
   d. "a minha voz"
   e. "a voz de minha filha"
2. Relacione as vozes das diferentes mulheres e a escravidão. Comente.
3. Nos versos: "as vozes mudas caladas/engasgadas nas gargantas", podemos encontrar uma figura de linguagem. Qual?
4. Qual o percurso histórico é traçado no poema "Vozes-mulheres" e como a figura feminina é trabalhada?
5. Solicite aos alunos que anotem no caderno, a partir do texto, as referências à feminilidade e à negritude.

5ª ETAPA

Leitura do poema "Canto para ninar Cassul-Buanga", de Nei Lopes.

Atividades para os alunos

1. Que história é contada a Cassul-Buanga?
2. Pesquise e explique como eram os navios negreiros.
3. O que quer dizer a expressão: "nosso suor foi o doce sumo de suas canas/nós os bagaços".
4. Comente com suas palavras suas reflexões sobre o poema.

6ª ETAPA

Leitura do poema "Sem algemas?", de Lino Guedes.

Atividades para os alunos

1. No poema "Sem algemas?" o eu lírico conta uma história para Dictinha. Qual é a história?
2. O que quer dizer o eu lírico com os seguintes versos: "Mas um dia a realeza/ De nossa sorte condoída/ Cujo crime consistia/ Em ter pele enegrecida/ A liberdade nos deu"? Explique com suas palavras.
3. A qual **liberdade** ele se refere?
4. O eu lírico a define como "Belo Gesto". Nesta expressão foi empregada uma figura de linguagem. Qual?

Avaliação

A avaliação poderá ser feita:

- A partir dos trabalhos em grupo apresentados e debatidos.
- Por meio da análise das impressões dos alunos sobre os textos lidos.
- Durante todo o processo. Observe a participação e o interesse. Veja se os alunos compreenderam as características desse gênero textual. Os fichamentos poderão auxiliar o professor na tarefa de avaliar o aprendizado com relação a esse tema.

Outras sugestões de leitura

O poeta do povo, reunião de poemas de Solano Trindade.
Axés do sangue e da esperança, de Abdias Nascimento.
Obra reunida, de Oliveira Silveira.
A cor da pele, de Adão Ventura.
Poemas negros, de Oswaldo de Camargo.
O negro escrito, de Oswaldo de Camargo.
Sanga, de Cuti (Luís Silva).
Negroesia, de Cuti (Luís Silva).
Não vou mais lavar os pratos, de Cristiane Sobral.
Cadernos Negros, vários autores, edição anual desde 1978.
Antologia de poesia afro-brasileira: 150 anos de consciência negra no Brasil, Zilá Bernd (Org.).

3
SEQUÊNCIAS DIDÁTICAS

ENSINO MÉDIO

ALINE ALVES ARRUDA
CRISTIANE CÔRTES
ELISANGELA APARECIDA LOPES

Apresentação

Caro(a) professor(a),

Com a criação da Lei nº 10.639, teve início a inserção da história e das culturas africana e afro-brasileira no currículo escolar como parte do reconhecimento institucional de sua importância em nosso país. Desde 2003, portanto, o que já acontecia em sala de aula em atitudes isoladas passou a ser obrigação de todo professor nas mais diversas aulas.

No caso específico da literatura afro-brasileira, sabemos que sua invisibilidade, decorrente de séculos de omissão e/ou injusto esquecimento, dificultando o trabalho do professor, e este livro tem o objetivo de ajudá-lo nessa importante missão.

Depois de alguns anos trabalhando como pesquisadoras dessa literatura de escritores negros brasileiros, e ministrando cursos sobre a produção deles, sempre ouvíamos os educadores mencionarem a dificuldade de encontrar material didático que os auxiliasse em suas aulas de Literatura e Língua Portuguesa. Assim nasceu o presente projeto.

Esperamos que nossas Sequências Didáticas possam de fato auxiliá-lo(a) a abordar a literatura e a cultura afro-brasileira nas aulas ministradas. A fim de tornar isso mais didático, optamos por promover o diálogo entre essa vertente literária e os estilos de época, orientando os educadores quanto ao passo a passo da preparação da aula. Por isso, as sequências ao longo deste volume estão organizadas de forma cronológica, levando em consideração os estilos literários. Inserimos ainda sugestões de textos literários, artigos teóricos ou críticos, vídeos, filmes e canções que podem ampliar o debate entre os educandos e que são facilmente encontrados na internet. Procuramos ainda indicar possibilidades de avaliação que contemplem tanto modelos tradicionais quanto inovadores e dialógicos.

Ao final de tudo, estamos cientes de que o trabalho que entregamos a você, professor(a), e a discussão sobre a temática, estão apenas em seu início; desejamos que os diálogos travados durante anos entre nós se multipliquem entre os educadores que agora têm em mãos este material, fruto de muito trabalho individual e coletivo.

Aline Alves Arruda
Cristiane Côrtes
Elisangela Aparecida Lopes

SEQUÊNCIA DIDÁTICA 1

TRADIÇÃO, ORALIDADE E LITERATURA

1. Objetivo

Entender a importância da oralidade para a formação das culturas africanas e afro-brasileiras na manutenção e preservação da memória como luta e resistência a partir da tradição das cantigas trovadorescas e da figura do *griot* africano.

2. Conteúdo

- A tradição oral das cantigas trovadorescas.
- A tradição do *griot*.
- Cordel e rap.

3. Material necessário

Leituras sugeridas

Cantigas líricas e satíricas extraídas do próprio livro didático adotado.
Cópia para os alunos do conto "Olhos d'água", de Conceição Evaristo, disponível em: <http://www.letras.ufmg.br/literafro>.
Cordel "A luta dos negros pela conquista da liberdade", de Antônio Héliton de Santana, disponível em: <http://ospiti.peacelink.it/zumbi/afro/cordel/home.html>.
Música "Meu canto", *Do Oiapoque a Nova York*, 2008, de Flávio Renegado.

Sugestões para a pesquisa do professor

Leitura de artigos sobre literatura, história da África e oralidade:
EVARISTO, Conceição. "Da grafia-desenho de minha mãe, um dos lugares de nascimento de minha escrita". In: ALEXANDRE, Marcos

Antônio (Org.). *Representações performáticas brasileiras*: teorias, práticas e suas interfaces. Belo Horizonte: Mazza, 2007, p. 16-21.
HAMPATÉ BÂ, Amadou. "A tradição viva". In: KI-ZERBO, Joseph (Org.). *História geral da África*. Metodologia e pré-história na África, vol. 1. São Paulo: Ática; Unesco, 1982.
SOUZA, Florentina. *Afrodescendência em Cadernos Negros e Jornal do MNU*. Belo Horizonte: Autêntica, 2005.
BATISTA, Sebastião Nunes. Poética popular do nordeste. Rio de Janeiro: Fundação Casa de Rui Barbosa, 1982.
VIANNA, Anízio. "Performance-cidadã". In: *Representações performáticas brasileiras*: teorias, práticas e suas interfaces. Marcos Antônio Alexandre (Org.). Belo Horizonte: Mazza, 2007, p. 121-139.

4. Tempo estimado: uma aula.

PREPARAÇÃO

Leia sobre a tradição da oralidade na África e sobre os mitos africanos. Há vários livros e artigos, além dos sugeridos aqui relacionados. O ensaio de Conceição Evaristo, por exemplo, é um aporte interessante, pois evidenciará a influência das histórias contadas pela mãe e pelas tias no seu texto. A associação da literatura à tradição oral faz-se clara quando a autora diz que a relação com o texto vem de um gesto antigo, ancestral, da mãe; e que a gênese de sua escrita está no acúmulo de tudo o que ouviu desde a infância.

O livro de Florentina Souza é outro texto elucidativo no que diz respeito à importância da tradição da oralidade para a literatura contemporânea. No capítulo intitulado "Texto, cor e histórias", a autora traça um panorama esclarecedor em relação à história da tradição literária, começando pelos relatos de viagem da Idade Média até as atuais manifestações. Note a ênfase que a autora dá à problemática desvalorização das culturas julgadas inferiores pelos colonizadores e como a literatura afro-brasileira vem resgatando os elementos culturais de força das etnias africanas, baseando-se na herança das tradições da literatura oral que se transformaram na diáspora.

O livro do africano Amadou Hampaté Bá fornecerá um conhecimento significativo da história da África e da tradição *griot*. O capítulo 8, disponível na internet,[1] corrobora com os demais textos no sentido de que a oralidade é uma ferramenta importante para a manutenção e preservação da memória, além de ser, até hoje, um forte traço da cultura de muitas das etnias africanas. Procure estabelecer as diferenças presentes na representação da cultura oral no Brasil com as comunidades africanas descritas pelo autor para levar os alunos a perceber a dispersão da cultura africana com a diáspora, como Florentina Souza aponta em seu texto.

Pesquise sobre rap e literatura de cordel para relacionar o contexto das cantigas medievais às contemporâneas. Enfoque a questão da oralidade e dos gêneros, suas aproximações e distâncias. Nesses termos, o ensaio de Anízio Vianna e o livro de Sebastião Batista serão úteis.

Leia o capítulo do livro didático adotado pela escola que aborda o Trovadorismo para relacionar o contexto histórico medieval à necessidade de uma produção literária oral. Observe quais os recursos estéticos explorados pela figura do trovador e a importância de seu papel na sociedade daquela época. Assista aos vídeos do projeto Mojubá e selecione pelo menos uma das histórias para ser exibida durante a aula. Leia os textos "Olhos d'água", de Conceição Evaristo, "Meu canto", de Flávio Renegado, e o cordel "A luta dos negros pela conquista da liberdade", de Antônio Héliton de Santana, para relacioná-los com a teoria utilizada na preparação da aula, atentando-se para a importância das histórias contadas pelas personagens ou pelos autores, procurando aproximar os textos da imagem do *griot*.

[1] <http://www.dominiopublico.gov.br/download/texto/ue000318.pdf>

INTRODUÇÃO

Pensar nas cantigas trovadorescas é, sobretudo, pensar na força da oralidade. Esse deve ser o condutor dessa aula, em que o aluno perceberá que essa tradição oral pode estar associada à luta e à resistência quando se trata das culturas oriundas das comunidades africanas.

Retome com os alunos o contexto histórico da Idade Média explicando que, embora seja um período marcado por guerras e pobreza, a imagem dessa época que predomina no senso comum é a de nobres cavaleiros, belos castelos, príncipes e princesas. A relevância dessa informação está na relação dessa contextualização com o tema da aula, pois os alunos deverão perceber que essa discrepância entre o contado e o ocorrido se deve, em grande parte, por uma imagem construída pelos textos dos trovadores, que tinham a tarefa de difundir os ideais e costumes do modelo de comportamento cortês esperado do europeu daquela época.

Levante questões sobre o poder da igreja na Idade Média, procurando mostrar como o controle católico quase absoluto pela produção cultural dos séculos V ao XIII dificultou consideravelmente a produção literária escrita, fortalecendo a figura dos poetas trovadores. Isso elucidará a importância de uma literatura oral quando há uma carência da escrita, como Florentina de Souza bem elucida.

Os alunos deverão perceber como a tradição oral é fonte fundamental para a história e que, por meio dela, é possível construir, reconstruir ou até desconstruir imagens de povos e suas culturas, como ocorre com o imaginário europeu que conhecemos das histórias de cavalaria e das cantigas trovadorescas. Além disso, essa mesma força da tradição, em relação à cultura africana, pode ser entendida como resistência, pois pode sobreviver à impossibilidade da escrita, preservando histórias, costumes e rituais dispersados com a diáspora e ainda vivos no presente.

É interessante aproveitar o momento de contextualização e sensibilização dos alunos em relação à oralidade e já introduzir o conceito de *griot* para ser retomado com mais fluidez durante a aula. Mostre que a representação oral da tradição tem dois elementos principais: aquele que conta o fato e o gênero por meio do qual a tradição se expressa. Nas comunidades em que a tradição oral é retratada como o museu vivo das relações e situações daquele povo, de sua arqueologia e história, o responsável por esse saber é o *griot*. Essa figura pode ser considerada ícone ou símbolo dos narradores, são depositários de histórias, de testemunhos ou de tradições de toda uma cultura.

DESENVOLVIMENTO

Depois de ter trabalhado em sala de aula o contexto histórico e cultural da Idade Média e o Trovadorismo, leve ao conhecimento dos alunos a noção de tradição e oralidade. Solicite que façam a leitura do conto "Olhos d'água" para dar início às reflexões. Faça questionamentos sobre a imagem de infância construída pela filha por meio da representação da mãe. Procure características que possam aproximar a personagem da figura do *griot*, como carisma, sensibilidade e criatividade. Estabeleça pontos convergentes entre essa mãe e os artistas medievais. Use o contexto da Europa na Idade Média para fazer a aproximação, explicando a importância da oralidade como preservação da memória e os recursos usados pelos artistas, como o ritmo, para prender a atenção do público, levar informações para comunidades distantes e entreter a população.

Ainda a partir do conto, explique a importância do (re)conhecimento do passado e da valorização da ancestralidade para a cultura afro-brasileira. Deixe claro que a tradição *griot* é a responsável por guardar e contar a história do seu povo, família, reinos, o passado, as glórias e a decadência. Esse indivíduo, nas comunidades africanas antigas e em algumas contemporâneas, é treinado desde a infância para transmitir a palavra por meio da arte. Ele canta, toca e trabalha como historiador e genealogista daquela comunidade.

Leve os educandos a refletir sobre a historiografia e a oralidade no contexto brasileiro, fazendo-os questionar como e por quem nossa história foi contada/escrita e quem e como são retratados os tipos brasileiros por essa historiografia oficial. Procure fornecer exemplos em que a própria literatura brasileira traz uma representação que pode reforçar alguns estereótipos nacionais. A sequência 7 deste capítulo, ao abordar a imagem da mulher negra na literatura, poderá fornecer elementos para a fixação desses exemplos ou, ainda, o professor poderá motivar os próprios alunos a ilustrar tal situação baseando-se em suas leituras ou experiências.

A partir da discussão provocada, motive os estudantes a perceber que existe uma tradição de oralidade no país, retratada no conto de Evaristo, por exemplo, que não teve o mesmo espaço que a tradição escrita, e discuta o porquê dessa diferença. Os alunos deverão perceber que essa diferença é a mesma da distância existente entre o que a historiografia registrou e o que foi silenciado.

Estabeleça as semelhanças e diferenças entre os *griots* e os trovadores. A classe deve perceber que há uma distinção importante no que tange à função social desses artistas. Enquanto aquele trabalha como o guardião da memória do seu povo, o outro se ocupa com a difusão de uma nova ordem social estabelecida com a criação dos feudos. É interessante levar ao conhecimento dos alunos a informação presente no texto de Hampaté Bá sobre os tipos de *griots* e que há, inclusive, aqueles a serviço dos nobres, bem como os trovadores. Mostre aos educandos que a aproximação entre o *griot* e o trovador estará principalmente na facilidade de preservação da história por meio da tradição oral.

Exiba o conto sobre os orixás escolhido no projeto Mojubá. O objetivo dessa atividade será explicitar a concepção da tradição oral na manutenção dos mitos africanos e a sua importância para a formação e valorização cultural africana e afro-brasileira no país. Os alunos deverão compreender a riqueza de se ter acesso a uma tradição milenar africana, tanto no que diz respeito ao ouvir histórias sobre os orixás quanto ao fato de se poder conhecer os mitos muitas vezes negligenciados pelos currículos escolares, pela mídia etc.

Coloque o rap "Meu canto" para os alunos ouvirem e distribua o cordel "A luta dos negros pela conquista da liberdade" para os alunos lerem e finalizar a discussão. Deixe os alunos fazerem suas associações.

Comente a respeito da música "Meu canto", direcionando a classe a pensar no significado do título da música, na importância do pronome possessivo de primeira pessoa e a sua representação, em termos de tradição e memória, para a população afro-brasileira. Peça-os para explicarem o que seria o "*griot* futurista". Aqui, os educandos deverão perceber a relação entre a tradição e a contemporaneidade personificada na imagem de um *rapper griot*.

A respeito do cordel, provoque os estudantes a fim de perceberem qual tradição o autor do cordel quer preservar. Peça para confrontarem a descrição da libertação dos escravizados na versão de Santana com a estudada no livro de História. Releia a quarta e a nona estrofes para ilustrar o ponto de vista do autor; chame atenção para a presença da figura do avô no último verso. Em relação ao gênero, aponte as marcas da oralidade no texto para que seja possível reconhecer a figura do *griot* no poema. Outro aspecto relevante para esse momento seria relacionar a caracterização das conquistas do povo negro descrito no cordel com os relatos das novelas de cavalaria, procurando identificar as semelhanças e diferenças em relação aos heróis.

Faz-se necessário observar com os alunos que o autor faz referência ao fato de os senhores terem sido indenizados, observe que isso não ocorreu de fato. O poeta fala de uma indenização metafórica, já que os senhores gozaram de privilégios e vantagens concedidos por serem latifundiários.

Ao final da aula, os alunos deverão ter condição de entender como a oralidade ainda está presente na contemporaneidade e qual a sua validade para a manutenção e valorização da cultura afro-brasileira, além de perceber em que medida a figura do trovador pode se aproximar da do *griot* na arte de narrar e na importância de denunciar, difundir ou informar. É relevante também que os educandos percebam criticamente a diferença entre a preservação da memória por meio das narrativas orais e do arquivo dos documentos históricos, por exemplo, para que possam compreender os processos de silenciamento das culturas africanas diaspóricas que resistiram à imposição cultural europeia com a oralidade. É fundamental que a classe se sensibilize para ter a capacidade de reconhecer, nos textos dos autores afro-brasileiros, a figura do *griot* que tem a preocupação de não permitir que a história de seu povo seja silenciada e que se vale dos recursos estilísticos e estéticos da literatura para a manutenção e preservação da sua memória.

Os alunos deverão perceber também uma diferença crucial entre trovadores, *griots* e *rappers* no que tange aos papéis sociais ocupados por eles, pois enquanto aqueles representavam uma oralidade conservadora, de manutenção da tradição, estes, na cena contemporânea, praticam uma oralidade crítica que leva à reflexão e ao questionamento das posições de poder na sociedade e não à sua manutenção, como no passado.

Alternativas para se ganhar tempo durante as aulas

O professor que precisar reduzir o tempo da aula poderá entregar o texto de Conceição Evaristo, "Olhos d'água", na aula anterior para que os alunos já estejam com a leitura pronta para o início das discussões.

Avaliação

A avaliação pode ser feita por meio de:

- Elaboração de um texto que evidencie os conhecimentos adquiridos na aula. Sugestão: um *rap*, um poema ou uma resenha.
- Promoção de um debate sobre a temática.

Veja também

Narradores de Javé, 2003, dir. Eliane Café.
AMÂNCIO, Iris (Org.). *África-Brasil-África:* matrizes, heranças e diálogos contemporâneos. Belo Horizonte: Editora PUC Minas; Nandyala, 2008.

BENJAMIN, Walter. "O narrador". In: ____. *Magia e técnica, arte e política:* ensaios sobre literatura e história da cultura. Brasília 1987, p. 197-221.
RICOEUR, Paul. *A memória, a história, o esquecimento*. Trad.: Alain François et al. Campinas: Editora da Unicamp, 2007.

TEXTOS

A luta dos negros pela conquista da liberdade
Sebastião Nunes Batista

A lei áurea é a lei
Derradeira do Brasil
Que dizem que acabou
Com um sistema bem vil
A tal de escravidão
Isso é bala sem fuzil

Você já sabe de cor
O que é escravidão
Três séculos e meio
Sem liberdade, pois não
Muito açoite. Muita luta
Em prol da libertação

Os negros tudo faziam
Pra conquistar a liberdade
Assassinavam, fugiam
Com muita luta e vontade
Formavam até quilombos
Vida em comunidade

Aos poucos, a liberdade
Ia sendo conquistada
Por isso em oitenta e oito
Da era que foi passada
Havia poucos escravos
Bem pouquinho, quase nada

Em cem, somente seis negros
Viviam na escravidão
Liberdade conquistada
Não presente, concessão
Liberdade como fruto
De muita luta, irmão

Os abolicionistas
Solidários aos escravos
Deram-lhes grande ajuda
Muitos são sinceros, bravos
Corajosos, destemidos
Mesmo aqueles que são alvos

Nesse tempo começava
A dita revolução
Porém a industrial
Era a máquina então
Invenção da Inglaterra
Para maior produção

Para vender seus produtos
A Inglaterra mandou
A princesa Isabel
Ela logo assinou
Estão livres os escravos
Até hoje enganou

Ora, ora, meu amigo
Isabel fez um favor
Para o rico ter mais lucro
Essa lei ela assinou
Não foi por amor ao negro
Dizia o meu avô

Que libertação foi essa
Negro não indenizado

Demitido sem direito
Pelo mundo sai jogado
Sem teto e sem comida
Com título: libertado

O senhor dono de escravos
Teve indenização
O governo cuidou dele
Como inda faz com patrão
Dá o dinheiro do povo
E deixa o povo na mão

Com a vida que se leva
Seja sincero então
Você acha que acabou
Mesmo a escravidão
Viu, meu caro companheiro
Como eu tenho razão

Meu canto
Flávio Renegado, com participação de Aline Calixto

(Aline Calixto)
Canto pro meu pranto se quebrar
Trazendo alegria o sol virá
E com ele o meu cantar

(Renegado)
Quando eu canto acabam-se os prantos
Vejo esperança e alegria nos olhos dos manos
Eu mando da alma o meu canto de guerra
Poesia urbana às vezes vulgar, mas sempre sincera
O griô futurista que mantém vivo os ancestrais
No tambor, nos beats eu sou capaz
Meu canto não tem a sabedoria de um profeta
Mas a malandragem de um marginal poeta
Que chora quando rima o dia a dia

De quem vive sorrindo com a panela vazia
O meu canto fortifica quem fecha com nós
Através do meu canto o morro tem voz
Sou um versador que põe amor no que verbaliza
E dá a própria vida pelo que acredita
Não faço guerra em nome da paz
Pois um homem de verdade pela paz a guerra não faz

(Aline Calixto)
Canto pro meu pranto se quebrar
Trazendo alegria o sol virá
E com ele o meu cantar

(Renegado)
Sincopado, rimado, falado, chorado ou versado
Não importa a forma, o importante é que eu não me calo
O meu canto fortifica a luta dos manos
E deixa triste o sorriso dos tiranos
E quando canto o meu canto encanta a mina na pista
Encantada com a rima requebra na batida
O meu canto canta as alegrias da vida
E também canta as cicatrizes nela adquirida
A felicidade de ter um grande amor
Também a tristeza de quem nunca o encontrou
Eu canto a dor de perder pessoas queridas
Quem não canta não espanta os males da vida
Canto o samba, a cerveja e o futebol
No domingo à tarde como é lindo o pôr do sol
A dor e a tristeza não podem nos abater
Cantando juntos somos fortes sabe por quê?

(Aline Calixto)
Canto pro meu pranto se quebrar
Trazendo alegria o sol virá
E com ele o meu cantar

(Renegado)
Canto! (coro)
A alegria de estar vivo
Canto! (coro)
Vou celebrando com os amigos
Canto! (coro)
A vida sem maldade, ela é bela
Mas tamo só de passagem
Canto! (coro)
A alegria de estar vivo
Canto! (coro)
Vou celebrando com os amigos
A vida sem maldade, ela é bela
Mas tamo só de passagem

(Aline Calixto)
Canto pro meu pranto se quebrar
Trazendo alegria o sol virá
E com ele o meu cantar
Lá laiá (coro)
E com ele o meu cantar
Lá laiá (coro)
E com ele o meu cantar

SEQUÊNCIA DIDÁTICA 2

A POESIA DE UM PRECURSOR: DOMINGOS CALDAS BARBOSA

1. Objetivo

Apresentar aos alunos os poemas de Domingos Caldas Barbosa a fim de ser abordada uma vertente marcada pelo ponto de vista étnico, crítico, e até mais popular, o que diferencia o autor dos poetas árcades presentes no livro didático.

2. Conteúdo

- Poesia árcade.
- Domingos Caldas Barbosa.

3. Material necessário

Cópia dos seguintes poemas de Domingos Caldas Barbosa: "Zabumba" e "Lundun".

Sugestões para a pesquisa do professor
"A viola e a música de Domingos Caldas Barbosa: uma investigação bibliográfica", de Márcia Taborda, disponível em: <https://antigo.anppom.com.br/anais/anaiscongresso_anppom_2006/CDROM/COM/04_Com_Musicologia/sessao09/04COM_MusHist_0901-118.pdf>.
"A trajetória do negro na literatura brasileira" de Domício Proença Filho, disponível em: <http://www.scielo.br/pdf/ea/v18n50/a17v1850.pdf>.

4. Tempo estimado: uma aula.

PREPARAÇÃO

Leia os textos sobre a vida e obra de Domingos Caldas Barbosa disponíveis em: <www.letras.ufmg.br/literafro>.

No Literatura Afro-brasileira: 100 autores do século XVIII ao XXI, consta ainda um artigo sobre o autor escrito por Adélcio de Sousa Cruz.

Outro texto que pode auxiliar a apresentação do autor e a interpretação dos poemas seria "Domingos Caldas Barbosa", escrito por Reinaldo Martiniano Marques.[1]

No artigo "A trajetória do negro na literatura brasileira", Domício Proença Filho faz menção aos poemas do autor e o insere na trajetória da literatura brasileira.

Se o professor desejar, pode abordar a questão da musicalidade presente nos textos; para tanto, poderá fazer uso do artigo de Márcia Taborda.

INTRODUÇÃO

O professor poderá iniciar a aula discutindo a ausência do poeta Domingos Caldas Barbosa na maioria dos livros didáticos, ressaltando que ele adotou uma postura política interessante no que se refere às questões de pertencimento étnico, como fica claro nos versos a seguir, feitos com o objetivo de rebater as críticas que se dirigiam a ele, bem como para diferenciá-lo do Padre Antonio Pereira de Souza Caldas, conhecido como "Caldas de Prata", a quem se dirige nos versos:

Tu és Caldas, eu sou Caldas;
Tu és rico, e eu sou pobre;
Tu és o Caldas de prata;
Eu sou o Caldas de cobre.

Pode-se notar que o poeta atribui a si uma imagem: a de homem negro, já que é "Caldas de cobre", e é esse o elemento demarcado da diferenciação entre ele e o outro poeta.

---

[1] MARQUES, Reinaldo Martiniano. "Domingos Caldas Barbosa". In: DUARTE, Eduardo de Assis (Org.). *Literatura e afrodescendência no Brasil*: antologia crítica. Belo Horizonte: Editora UFMG, 2011, p. 49-60. [Vol. 1, Precursores.]

Faz-se importante notar, ainda, que o título do livro de Caldas Barbosa — *Viola de Lereno* — demarca tanto a relação com a poesia clássica, palaciana, pois "Lereno" remete ao imaginário grego, quanto com a cultura popular, já que, enquanto nos padrões clássicos os instrumentos de inspiração eram a *lira*, a *harpa* e a *flauta*, para Caldas Barbosa é a *viola*, instrumento popular à época, de uso restrito quase que exclusivamente aos negros.

Marques (2011, p. 52) destaca que:

> Se, por um lado, seu estilo é marcado por uma linguagem clara, imagens de cunho mais lógico e um léxico mitológico-clássico, o que o revela mais como epígono do Arcadismo, de outro, ressalta, sobretudo em sua Viola, uma sensibilidade nativa, formalizada em quadras marcadas por metros breves, especialmente as redondilhas, pela sensualidade, o tom amoroso e de súplica, em que se desponta uma lírica popular, com laivos do pré-romantismo.

DESENVOLVIMENTO

Após a introdução das características do Arcadismo e da interpretação dos textos dos poetas mineiros, entregue aos educandos os poemas escolhidos de Caldas Barbosa.

Faça a leitura de "Lundum" e chame a atenção para a musicalidade dos versos. Explique a eles que o lundu se define pelo ritmo sincopado, pelo batuque dos tambores, e tem sua origem na cultura africana. Como dança, era praticada pelas rodas de escravos no Brasil, tornando-se um dos primeiros gêneros das canções populares.

Quanto à linguagem, chame a atenção para a presença da oralidade, que se manifesta, por exemplo, no uso de diminutivo "nhanhazinha", ou "iaiá", termos utilizados pelos escravos para se referirem às senhoras. Observe ainda a presença do refrão, que caracteriza esse gênero.

A fim de associar o poema ao estilo árcade, ressalte a construção da figura feminina, marcada por certa idealização — "muito guapa" — e pela comparação dela ao "céu". Essa idealização se manifesta de forma enfática, por exemplo, nos seguintes versos de Tomás Antonio Gonzaga: "Graças, Marília bela, Graças à minha Estrela!"

No entanto, há um humor satírico que diferencia os poemas de Caldas Barbosa dos versos dos poetas árcades. Em "Lundum", a mulher amada, consciente do amor a ela dispensado, se aproveita disso para fazer sofrer o eu poético antes de se declarar. Além disso, a construção da imagem da "iaiá" dialoga com o barroco, já que se sustenta nas antíteses: "formosa" e "ingrata", e com comportamentos marcados pelo "dengo", mas também pela "chulice".

Leia com os educandos o poema "Zabumba". Chame a atenção deles para a estrutura do poema: composto por quartetos, com rimas construídas entre os versos 2º e 4º. Os versos tematizam o percurso de uma batalha militar, a partir da perspectiva do eu poético centrada na figura dos soldados. O poeta retoma a mitologia grega ao mencionar Marte, o deus da guerra, que, associado ao amor, simboliza o ciclo da guerra descrito.

A convocação à guerra é marcada por acenos, mas também por poucos bens a levar e por muitas saudades. A metáfora da "cidade de lona" remete ao acampamento militar no qual se desenrola o cotidiano dos soldados, marcado pelo jogo e pela ausência de assistência médica. A estratégia ante o inimigo se resume a matar e morrer, ações que são retratadas por meio de metonímias: "pernas", "braços" e "cabeças pelo ar".

A vitória dos soldados se associa ao saque da cidade derrotada e ao descanso dos heróis. O retorno deles ao lugar de origem é marcado por festejos e histórias a serem contadas com a intenção de impressionar os ouvintes, especialmente as mulheres. É a elas que se dirige o eu lírico nos últimos versos: "Não creiam Meninas nestes,/ não é certo o seu amar;/ costumados sempre à marcha/ Até amam a marchar." A guerra como algo glorioso e grandioso não se sustenta nos versos de Caldas Barbosa, pelo contrário, dá-se a desconstrução da imagem do soldado como herói, o que fica nítido nesses versos. O refrão é marcado pela ironia — procedimento comum nos textos do poeta —, já que o verso "Bela Vida Militar" indica a ideia de que a defesa do rei e da pátria tem como intenção primeira o reconhecimento público e a folgança posterior à batalha. Assim, percebe-se um tom crítico adotado pelo poeta em relação à instituição militar, o que faz com que esses versos tenham um viés paródico, já que a grandiosidade atribuída ao ideal de defesa da pátria é desconstruída pelo eu lírico.

Sugestão: Monte um pequeno glossário com as palavras dos poemas para facilitar a leitura dos alunos; ou recomende que eles mesmos façam isso para que a compreensão do texto se dê de forma mais completa.

Avaliação

A avaliação pode ser feita:

- A partir dos trabalhos em grupo, com base, por exemplo, na comparação entre os versos de Domingos Caldas Barbosa e de outros poetas árcades.
- Por meio da interpretação por escrito dos procedimentos poéticos adotados pelo poeta ao tratar de temas recorrentes no Arcadismo, como a construção da imagem da mulher e do amor nos dois poemas.

SEQUÊNCIA DIDÁTICA 3

A METÁFORA CRUCIAL DO NAVIO NEGREIRO

1. Objetivo

Relacionar a poesia romântica brasileira à literatura afro-brasileira da época e posterior.

2. Conteúdo

- Poesia condoreira, 3ª fase do Romantismo.
- Castro Alves.
- Literatura afro-brasileira romântica e contemporânea.

3. Material necessário

Cópia para os alunos (ou slides) dos seguintes textos:
Poema "Navio negreiro" (Castro Alves). Disponível em: <www.dominiopublico.gov.br>.
Trechos do capítulo "Preta Suzana", do romance *Úrsula*, de Maria Firmina dos Reis. REIS, Maria Firmina dos. *Úrsula*. Florianópolis: Editora Mulheres, 2004.
Trecho do romance *Um defeito de cor*, de Ana Maria Gonçalves. GONÇALVES, Ana Maria. *Um defeito de cor*. Rio de Janeiro: Record, 2006.
Trecho da biografia de Mahommah G. Baquaqua. In: RUFFATO, Luiz (Org.). *Questão de pele*. Rio de Janeiro: Língua Geral, 2009. [Apêndice.]
Trecho de *Ponciá Vicêncio*, de Conceição Evaristo.
EVARISTO, Conceição. *Ponciá Vicêncio*. Belo Horizonte: Mazza, 2003.
Poema "Navio negreiro", de Solano Trindade: <www.letras.ufmg.br/literafro>.
Poema "Vozes-mulheres", de Conceição Evaristo: <www.letras.ufmg.br/literafro>.
Poema "Parte da crônica", de Oliveira Silveira: SILVEIRA, Oliveira.

Antologia poética de Oliveira Silveira. Porto Alegre: Evangraf, 2010; <www.letras.ufmg.br/literafro>.

Música "Todo camburão tem um pouco de navio negreiro", da banda O Rappa, do álbum *O Rappa*, 1994. Letra disponível em: <http://letras.mus.br/o-rappa/77644>.

Trecho do filme *Amistad*. Diretor: Steven Spielberg. Origem/ano de produção: EUA/1997. Duração: 155 min. Classificação: 12 anos.

Sugestão para a pesquisa do professor

www.letras.ufmg.br/literafro

3. Tempo estimado: três aulas.

PREPARAÇÃO

Procure pelo filme *Amistad* (1997), dirigido por Steven Spielberg. Ele pode ser encontrado nas principais locadoras e também adquirido pela internet em sites de compras de DVDs. O filme é inspirado em um fato real, em que negros trazidos da África no tráfico de escravos tomam o navio "La Amistad" e são julgados nos Estados Unidos. As condições de captura e tráfico de escravos são mostradas claramente no filme.

Pesquise sobre o poeta Castro Alves, sua biografia e obra, especialmente no que se refere a sua luta abolicionista. O poeta era bastante envolvido com a causa.

Consulte o volume Literatura Afro-brasileira: 100 autores do século XVIII ao XXI e leia sobre os escritores afro-brasileiros aqui mencionados: Maria Firmina dos Reis, Solano Trindade, Oliveira Silveira, Conceição Evaristo e Ana Maria Gonçalves.

Em relação ao ex-escravo Mohammah Gardo Baquaqua, é possível conhecer sua história por meio da biografia por ele escrita (Rufatto, 2009). Baquaqua veio no navio negreiro para o Brasil, depois foi para os Estados Unidos, de lá para o Haiti e depois para o Canadá. O africano aprendeu a ler e escrever com os abolicionistas norte-americanos, entre eles Samuel Moore, que o ajudou na escrita da autobiografia. Seu relato, portanto, é real, em contraposição, neste plano, aos relatos ficcionais.

INTRODUÇÃO

A ocorrência do tema "navio negreiro" na literatura e na cultura mundial é muito frequente. Afinal, a travessia do Atlântico fez parte de toda a história da diáspora negra nas Américas.

Ao passar pelo Romantismo brasileiro, o professor certamente falará sobre o poeta Castro Alves, o baiano que ficou conhecido como "poeta dos escravos", devido às suas ideias abolicionistas. Utilize o famoso poema "Navio negreiro" do poeta condoreiro para iniciar sua aula sobre a poesia social romântica e dele faça as relações com a literatura e cultura afro-brasileira por meio dos trechos dos romances e poemas citados aqui.

DESENVOLVIMENTO

1ª AULA

Introduza para os alunos a poesia condoreira do século XIX. Compare-a com as outras fases da poesia romântica brasileira mostrando para os alunos que, ao contrário da segunda, a poesia social desta 3ª fase romântica é voltada para o Outro. Apresente para eles o poeta Castro Alves e leia o poema "Navio negreiro"; alguns trechos estão sugeridos no final deste plano. Analise com os alunos como o ponto de vista de Castro Alves parte da ave que alça voos muito altos e que é através dos olhos dela que o eu lírico vai observar o navio negreiro, como demonstram os versos: "Não pode olhar humano como o teu mergulhar no brigue voador." Enfatize as hipérboles usadas pelo poeta na tentativa de captar os horrores vividos no porão do navio. Atente-os para a descrição do ontem e do hoje do africano no canto V, quando o eu lírico contrapõe as imagens de antes, em Serra Leoa, e da vida tranquila e rotineira; às imagens posteriores, no porão infecto e imundo do navio. Em seguida, comece a mostrar os trechos da prosa afro-brasileira. Se quiser seguir a linha histórica, professor, mostre primeiro o trecho do romance *Úrsula*, da maranhense Maria Firmina dos Reis. No excerto anexo a esta sequência, a personagem negra, Suzana, relata ao ex-escravo Túlio sobre sua viagem no navio negreiro. O rapaz havia ganho a alforria do jovem branco Tancredo, por ter salvado sua vida, mas ao contar o feito para a mãe Suzana, ela lhe diz que ele não é livre, pois a liberdade havia ficado na África. Em seguida a personagem narra as agruras no navio. Observe com seus alunos como é usada a primeira pessoa no trecho, ao contrário do poema de Castro Alves. Assim será também no trecho do romance de 2006, *Um defeito de cor*, de Ana Maria Gonçalves. No livro, a africana Kehinde, ainda criança, é presa junto com a irmã gêmea Taiwo para serem escravizadas e transportadas até o Brasil. A avó se junta a elas na travessia a bordo do navio negreiro e o trecho selecionado novamente repetirá os horrores do porão do tumbeiro. A seguir, o professor pode apresentar o trecho em que o ex-escravo Mahommah G. Baquaqua relata sua viagem em navio semelhante e mostrar aos alunos como o relato memorialístico é próximo do ficcional. Para explicar como a imagem do navio hoje pode trazer reflexos, compare com o trecho do romance *Ponciá Vicêncio*, em que a personagem negra faz a travessia de trem do campo, da vila de ex-escravos onde morava, para a cidade grande, em busca de uma vida melhor. A viagem difícil se repete embora em outro meio de transporte.

2ª AULA

Ainda na comparação entre as imagens do navio, volte ao texto em verso com o poema "Navio negreiro", de Solano Trindade. O professor pode, então, recuperar o poema de Castro Alves, mote desta sequência, usado já na primeira aula, para continuar sua comparação. Os poemas homônimos revelam um Solano Trindade leitor de Castro Alves e a reversão da imagem vitimizada do negro é percebida nos versos: "Cheinho de poesia", "Cheinho de resistência" e "Com carga de inteligência". Outro poema para ser analisado a partir do texto condoreiro é "Parte da crônica", de Oliveira Silveira. O texto, através de vozes poéticas que se revezam, já que o eu lírico clama pelo testemunho de outras vozes que personificam os espaços, trabalha com a memória coletiva da escravidão, mais especificamente, com a imagem do navio negreiro. As imagens de antes e depois do navio são retomadas, como no poema de Castro Alves, desde os primeiros versos, como "nas florestas e savanas/ pássaros num céu/ azul sem obstáculos...", para a vida que precede a travessia e "— Arrepios de frio?/ Vestes de chibata./ Sede e muita fome?/ Quando chegar come", para as agruras vividas já no tumbeiro.

3ª AULA

Na última aula sobre o tema, passe para os alunos o trecho do filme *Amistad* que retrata a captura dos negros na África e sua viagem no navio negreiro. A cena é forte e provavelmente vai suscitar nos estudantes sentimentos de horror e angústia frente à visualização de que tudo que eles leram nos excertos de prosa e poesia das aulas anteriores. Se o professor dispuser de mais tempo, poderá passar o filme inteiro para a classe. Após assistir ao trecho do filme, apresente aos alunos a música "Todo camburão tem um pouco de navio negreiro", gravada pela banda O Rappa, e explore com eles a perspicácia dos compositores em trazer para a contemporaneidade a história afro-brasileira. A letra da música pode possibilitar discussões em sala de aula sobre o racismo brasileiro e o professor pode citar como exemplos a revista policial, que tem como alvo principalmente negros (esse exemplo pode puxar outras situações semelhantes e inclusive testemunhos de estudantes negros), a marginalização do continente africano diante do mundo (como o trecho da música que critica a questão da Aids), entre outros temas. Importante deixar claro para o aluno como a travessia negreira deixou suas marcas na nossa sociedade e como a literatura e a cultura dão conta disso ainda hoje.

Avaliação

A avaliação pode se dar por meio de:

- Um exercício comparativo entre os trechos literários, a música e o filme.
- Uma resenha em que o aluno relacione os textos vistos e dê sua impressão sobre as aulas.
- Questões de prova sobre os textos lidos.

Veja também

Atlântico Negro — Na rota dos orixás, documentário que aborda a influência africana na religiosidade brasileira. Direção: Renato Barbieri. Origem/ano de produção: Brasil/1998. Duração: 54 min. Classificação: livre.
"Haiti", música de Caetano Veloso e Gilberto Gil, *Tropicália 2*. A letra pode ser encontrada em: <http://letras.mus.br/caetano-veloso/44730/>.

TEXTOS

III

Desce do espaço imenso, ó águia do oceano! Desce mais... inda mais... não pode olhar humano como o teu mergulhar no brigue voador! Mas que vejo eu aí... Que quadro d'amarguras! É canto funeral!... Que tétricas figuras!... Que cena infame e vil... Meu Deus! Meu Deus! Que horror!

IV

Era um sonho dantesco... o tombadilho
Que das luzernas avermelha o brilho.
Em sangue a se banhar.
Tinir de ferros... estalar de açoite...
Legiões de homens negros como a noite,
Horrendos a dançar...
Negras mulheres, suspendendo às tetas
Magras crianças, cujas bocas pretas
Rega o sangue das mães:
Outras moças, mas nuas e espantadas,

No turbilhão de espectros arrastadas,
Em ânsia e mágoa vãs!
E ri-se a orquestra irônica, estridente...
E da ronda fantástica a serpente
Faz doudas espirais...
Se o velho arqueja, se no chão resvala,
Ouvem-se gritos... o chicote estala.
E voam mais e mais...

V

Senhor Deus dos desgraçados!
Dizei-me vós, Senhor Deus!
Se é loucura... se é verdade
Tanto horror perante os céus?!
Ó mar, por que não apagas
Co'a esponja de tuas vagas
De teu manto este borrão?...
Astros! noites! tempestades!
Rolai das imensidades!
Varrei os mares, tufão!

São os filhos do deserto,
Onde a terra esposa a luz.
Onde vive em campo aberto
A tribo dos homens nus...
São os guerreiros ousados
Que com os tigres mosqueados
Combatem na solidão.
Ontem simples, fortes, bravos.
Hoje míseros escravos,
Sem luz, sem ar, sem razão...

Ontem a Serra Leoa,
A guerra, a caça ao leão,
O sono dormido à toa

Sob as tendas d'amplidão!
Hoje... o porão negro, fundo,
Infecto, apertado, imundo,
Tendo a peste por jaguar...
E o sono sempre cortado
Pelo arranco de um finado,
E o baque de um corpo ao mar...

Castro Alves, "Navio negreiro"

"Foi embalde que supliquei em nome de minha filha, que me restituíssem a liberdade: os bárbaros sorriam-se de minhas lágrimas, e olhavam-me sem compaixão. [...] Meteram-me a mim e a mais trezentos companheiros de infortúnio e de cativeiro no estreito e infecto porão de um navio. Trinta dias de cruéis tormentos, e de falta absoluta de tudo quanto é necessário à vida passamos nessa sepultura até que abordamos as praias brasileiras. Para caber a mercadoria humana no porão fomos amarrados em pé para que não houvesse receio de revolta, acorrentados como animais ferozes das nossas matas que se levam para recreio dos potentados da Europa."

Maria Firmina Reis, *Úrsula*, 2004, p. 117

"Durante dois ou três dias, não dava pra saber ao certo, a portinhola no teto não foi aberta, ninguém desceu ao porão e estava quase impossível respirar. Algumas pessoas se queixavam da falta de ar e do calor, mas o que realmente incomodava era o cheiro de urina e de fezes. A Tanisha descobriu que se nos deitássemos de bruços e empurrássemos o corpo um pouco para a frente, poderíamos respirar o cheiro da madeira do casco do tumbeiro. [...] Quando não conseguíamos mais ficar naquela posição, porque dava dor no pescoço, a minha avó dizia para nos concentrarmos na lembrança do cheiro, como se, mesmo de longe e fraco, ele fosse o único cheiro a entrar pelo nariz [...]."

Ana Maria Gonçalves, *Um defeito de cor*, 2006, p. 48

"Seus horrores, ah! Quem pode descrever! Ninguém pode retratar seus horrores tão fielmente como o pobre desventurado, o miserável desgraçado que tenha sido confinado em seus portais. [...] Mas, vamos ao navio! Fomos arremessados, nus, porão adentro, os homens apinhados de lado e as mulheres de outro. O porão era tão baixo que não podíamos ficar em pé [...]. Oh! A repugnância e a imundície daquele lugar horrível nunca serão apagados da minha memória. [...] Que aqueles *indivíduos humanitários*, que são a favor da escravidão, coloquem-se no lugar do escravo no porão barulhento de um navio negreiro, apenas por uma viagem da África à América, sem sequer experimentarem mais que isso dos horrores da escravidão; se não saírem abolicionistas convictos, então não tenho mais nada a dizer a favor da abolição."

Baquaqua, *Biografia de Mahommah G. Baquaqua*, 2009, p. 207-208

"O inspirado coração de Ponciá ditava futuros sucessos para a vida da moça. A crença era o único bem que ela havia trazido para enfrentar uma viagem que durou três dias e três noites. Apesar do desconforto, da fome, da broa de fubá que acabara ainda no primeiro dia, do café ralo guardado na garrafinha, dos pedaços de rapadura que apenas lambia, sem ao menos chupar, para que eles durassem até ao final do trajeto, ela trazia a esperança como bilhete de passagem. Haveria, sim, de traçar o seu destino."

Evaristo, *Ponciá Vicêncio*, 2003, p. 35

SEQUÊNCIA DIDÁTICA 4

ESCRAVIDÃO E PATRIARCADO EM *ÚRSULA*, DE MARIA FIRMINA DOS REIS

1. Objetivo

Analisar o romance *Úrsula*, de Maria Firmina dos Reis, como texto romântico que apresenta, de forma inovadora e surpreendente para a época, um ponto de vista étnico o qual se sustenta no discurso do narrador e na construção das personagens negras.

2. Conteúdo

- Romantismo
- Prosa romântica
- Romance afro-brasileiro

3. Material necessário

Leitura do romance de REIS, Maria Firmina dos. *Úrsula*. 5ª ed. Florianópolis: Editora Mulheres, 2009.

Sugestões para a pesquisa do professor

DUARTE, Eduardo de Assis. "Maria Firmina dos Reis e os primórdios da ficção afro-brasileira". In: REIS, Maria Firmina dos. *Úrsula*. 7ª ed. rev. ampl. Belo Horizonte: Editora PUC Minas, 2018, p. 267-281.

No volume Literatura Afro-brasileira: 100 autores do século XVIII ao XXI, há um verbete assinado por Duarte sobre a autora e sua obra.

LOBO, Luiza. "Maria Firmina dos Reis". In: DUARTE, Eduardo de Assis (Org.). *Literatura e afrodescendência no Brasil*: antologia crítica. Belo Horizonte: Editora UFMG, 2011. [vol. 1, Precursores]

PINTO-BAILEY, Cristina Ferreira. "Na contramão: a narrativa abolicionista de Maria Firmina dos Reis". Disponível em: <www.letras.ufmg.br/literafro>.

ROSA, Soraia Ribeiro Cassimiro. "Um olhar sobre o romance *Úrsula*, de Maria Firmina dos Reis". Disponível em: <www.letras.ufmg.br/literafro>.

NASCIMENTO, Juliano Carrupt do. "A construção do negro no romance *Úrsula*". Disponível em: <www.letras.ufmg.br/literafro>.

4. Tempo estimado: duas aulas.

PREPARAÇÃO

Leia os textos indicados a fim de apresentar a autora aos alunos e melhor fundamentar a interpretação do romance. Faz-se importante destacar, no posfácio assinado por Duarte (2018), a abordagem da construção ficcional das personagens negras presentes na narrativa; no texto de Lobo (2011), o panorama da produção literária de Firmina e as intertextualidades apontadas pela estudiosa que filiam a história à tradição romântica; no texto de Rosa, o contexto de produção literária contemporâneo à publicação da narrativa de Firmina e a cuidadosa análise dos elementos discursivos da narrativa.

INTRODUÇÃO

Esta aula poderá ser ministrada depois da abordagem das características principais das três gerações da prosa romântica: indianista, regionalista e urbana. Se assim for, sugere-se a leitura de capítulos ou partes de romances que marcam essas etapas, a exemplo de *Iracema* e o *Guarani*, de José de Alencar; *A escrava Isaura*, de Bernardo Guimarães, dentre outros. Assim, seria possível, inclusive, uma análise comparativa do romance em questão com a produção a ele contemporânea com o intuito de se destacar os procedimentos românticos da narrativa, o que filia o romance a esse estilo de época, e o discurso étnico que se corporifica no abolicionismo e na construção das personagens negras.

De qualquer forma, a inserção de *Úrsula* no contexto das aulas sobre o Romantismo pode ser feita da maneira que for mais conveniente para o professor.

DESENVOLVIMENTO

1ª AULA

Chame a atenção dos educandos para o contexto de produção do romance em questão; para tanto, mencione o fato de a autora ter feito uso de um pseudônimo ao publicar a obra, em 1859: "Uma maranhense", e por adotar um diálogo com o leitor, no prólogo, o que indica certa modéstia ao apresentar a obra; sendo que tal discurso pode ser interpretado como indicativo de sua condição: mulher, brasileira, de origem humilde e "educação acanhada".

Relembre com os educandos os elementos da narrativa:

1. Narrador: 1ª pessoa ou onisciente.
2. Espaço: ambiente natural, campestre; interior do Maranhão.
3. Tempo: predominantemente cronológico, com presença de *flashback* e marcação do tempo memorialístico.
4. Enredo: fundamentado, em primeiro plano, no triângulo amoroso: Úrsula, Tancredo, Comendador; já em segundo plano, na história paralela construída sob o drama dos escravos sob um ponto de vista interno.
5. Personagens: Úrsula, Tancredo e Comendador P...; Mãe Susana, Túlio e Antero.

Destaque os procedimentos românticos que compõem a obra:

1. A idealização e exaltação do espaço da narrativa, especialmente no primeiro capítulo, no qual os elementos da natureza são destacados e, mormente, adjetivados como "belos", "vasto", "beleza amena e doce". Inclusive, nesse mesmo capítulo, a manifestação da natureza está associada ao sentimentalismo da mulher: o orvalho chora "como a lágrima de uma virgem sedutora" (2009, p. 16).
2. A temática amorosa, fundamentada no triângulo amoroso, o impedimento da concretização do amor. Cabe ressaltar que, diferentemente da maioria das histórias do gênero, não há *happy end*. Já a loucura como fruto da desilusão amorosa resgata outro *leitmotiv*.

3. Influência da literatura gótica que se exemplifica na descrição da cena em que Úrsula se dirige ao túmulo da mãe; e também na tentativa incestuosa do tio vilão com a sobrinha.
4. A técnica de "encaixes narrativos" em que, a cada capítulo, uma personagem conta sua história.
5. A idealização da mulher, atestada pela caracterização física e pelo comportamento da protagonista frente à doença da mãe, ao amor, à impossibilidade de sua concretização.

2ª AULA

A fim de ressaltar os elementos literários que definem *Úrsula* como um romance afro-brasileiro (o primeiro), nesse momento será enfatizada a construção das personagens e do discurso abolicionista. Faz-se importante a leitura conjunta do primeiro capítulo da narrativa (ou de parte dele), intitulado "Duas almas generosas", do qual se destaca a equiparação entre duas personagens da obra: Tancredo e Túlio — um branco e outro negro, sendo o escravo o parâmetro de elevação moral. Os passos de Túlio o levam a se aproximar do jovem caído como se "a Providência os guiasse!", pois é um homem dotado de "um coração bem formado".

Nesse momento, o discurso abolicionista se constrói pela voz de Tancredo:

> — Cala-te, oh! pelo céu. Cala-te, meu pobre Túlio. Interrompeu o jovem cavaleiro — um dia virá em que os homens reconheçam que são todos irmãos. Túlio, meu amigo, eu avalio a grandeza de dores sem lenitivo, que te borbulha na alma, compreendo tua amargura, e amaldiçoo em teu nome ao primeiro homem que escravizou a seu semelhante. (2009, p. 28)

Adiante, tal discurso é referendado pelo narrador, a fim de confirmar a elevação moral de Túlio que já havia sido apresentada ao leitor anteriormente:

> E o mísero sofria; porque era escravo, e a escravidão não lhe embrutecera a alma; porque os sentimentos genero-

> sos, que Deus lhe implantou no coração, permaneciam intactos, e puros como a sua alma. Era infeliz; mas era virtuoso; e por isso seu coração enterneceu-se em presença da dolorosa cena, que lhe ofereceu à vista. (2009, p. 23)

Para ampliar a ilustração dos dois parâmetros literários que tanto demarcam a distinção entre o romance em questão e a literatura canônica do período, quanto à constatação dessa narrativa como precursora da prosa afro-brasileira, pode-se ainda prosseguir com a interpretação do capítulo IX — Preta Susana. Tal passagem foi inclusive utilizada na Sequência Didática 3, cujo tema é o navio negreiro.

Quando Túlio vai dizer à Preta Susana que se tornou "livre" pelas mãos de Tancredo, e que por gratidão ele deverá deixar a casa em que vive para segui-lo, a velha africana questiona a ideia de liberdade como concessão de outrem em um país escravista: "Que te adianta trocares um cativeiro por outro?" (2009, p. 113). Nesse momento, o texto aponta para as nuanças desdobráveis da política escravista, tais como o sistema de compadrio, pautado pela troca de favores e pelo enquadramento dos alforriados em outras formas de subordinação e dependência à classe senhorial.

Mãe Susana exerce na narrativa, ainda, a função de guardiã da memória do passado, dos tempos em África nos quais conhecera, de fato, a verdadeira liberdade, por isso questiona a pseudoliberdade de que se vangloria Túlio. A fala dessa personagem irá instaurar no capítulo um *flashback*, pois recordará o passado: a liberdade, depois a captura em terra natal, o cativeiro no porão do navio na travessia.

A morte de Preta Susana ilustra a vitória do mal sobre o bem, destacando o escravocrata como assassino — "verdugo" e "carrasco" —, como a própria Firmina inscreve em outro texto. Além disso, reforça a ausência de *happy end*. Preta Suzana paga com a vida o gesto de tomar a palavra e opor a África livre ao Brasil escravocrata. Sua morte se integra no "gótico" romanesco infiltrado no ultrarromantismo da época: ela é a "vítima sacrificial" e, junto com Túlio, perde a vida porque toma partido e defende o bem contra o mal.

A fim de se possibilitar a comparação entre o romance em questão e a prosa romanesca que é apresentada, na maioria das vezes, pelos livros didáticos, faz-se importante o comentário de Rosa:

> Se tomarmos como exemplo os romances *Iracema* e *O guarani*, de José de Alencar, no que se refere ao ideal nacionalista de uma literatura comprometida com a construção da ideia de nação, saberemos que estes dois livros são particularmente sintomáticos, pois traduzem na construção dos personagens indígenas a idealização da colônia, traçando-os como dóceis, bons, símbolos de bravura e inocência, desde que demonstrem sensibilidade passiva aos feitos civilizatórios do nobre português.

Ao passo que, em *Úrsula*, a idealização não se faz presente no que se refere ao tratamento da principal questão política no Brasil dos oitocentos: a escravidão. Ainda na voz de Susana, nota-se uma reversão que sustenta esse ponto de vista interno e comprometido com a questão racial: os bárbaros são os brancos que escravizaram os negros, e não o contrário, conforme postulavam tanto as correntes cientificistas quanto a filosofia, reverberando em um discurso de senso comum que atribuía ao negro a condição de *bem* semovente, "matéria" da qual se pode por e dispor. Assim, Maria Firmina dos Reis acrescenta um ponto de vista identificado à afrodescendência, o que distingue seu texto do que era comum na época e faz dele precursor do romance afro-brasileiro.

Nos dizeres de Lobo (2011, p. 119):

> Ela [Maria Firmina dos Reis] insere em toda a sua obra preciosos aspectos antropológicos que permitem ver a existência do escravo no seu aspecto real, sob a violência e o jugo de senhores e feitores que agiam sob o amparo das leis — como na cena do assassinato de escrava Susana.

Avaliação

Pode se dar:

- Por meio de questões discursivas nas quais se solicite tanto as características românticas da narrativa, quanto os procedimentos que a definem pelo aspecto étnico e político.
- Pela comparação entre uma citação ou cena de *Úrsula* e outra de um romance romântico de livre escolha do professor.
- Por meio de questões objetivas que abordem, por exemplo, os elementos formais da narrativa ou aspectos do enredo.

Veja também

A Sequência Didática 3, na qual o capítulo IX — Preta Susana também é analisado sob o ponto de vista da metáfora do navio negreiro.

A dissertação intitulada *Gênero e etnicidade no romance Úrsula, de Maria Firmina dos Reis*, de autoria de Adriana Barbosa de Oliveira, enfatiza a construção do discurso étnico e de gênero no romance e aborda os procedimentos romanescos presentes na obra que a filiam e a distinguem da prosa romântica.[1]

[1] OLIVEIRA, Adriana Barbosa de. *Gênero e etnicidade no romance Úrsula, de Maria Firmina dos Reis*. Dissertação de Mestrado. Programa de Pós-Graduação em Letras, Estudos Literários. Universidade Federal de Minas Gerais. 2007. 107 f. Disponível em: <http://www.bibliotecadigital.ufmg.br/dspace/handle/1843/ECAP-73WGED>.

SEQUÊNCIA DIDÁTICA 5

O NEGRO EM CENA

1. Objetivo

Analisar a presença do negro nos textos dramáticos de José de Alencar, Cuti e Abdias Nascimento, procurando compreender as escolhas dos autores na construção de suas personagens.

2. Conteúdo

- Teatro romântico
- José de Alencar
- Trajetória do teatro negro no Brasil
- Autores afro-brasileiros Cuti e Abdias do Nascimento

3. Material necessário

Trechos da peça *O demônio familiar* e *O crédito*, de José de Alencar, disponíveis em arquivos digitais, de domínio público.

Trechos da peça *Sortilégio II: mistério negro de Zumbi redivivo*, de Abdias Nascimento.

Monólogo *Madrugada me proteja*, de Cuti, os dois últimos disponíveis em: <http://www.letras.ufmg.br/literafro>.

Sugestões para a pesquisa do professor

ALEXANDRE, Marcos. "Negro que te quero negro: formas de representação do afro-brasileiro". In: ALEXANDRE, Marcos Antônio (Org.). *Representações performáticas brasileiras:* teorias, práticas e suas interfaces. Belo Horizonte: Mazza, 2007.

AUGEL, Moema Parente. "A fala identitária: teatro afro-brasileiro hoje". Disponível em: <http://www.letras.ufmg.br/literafro/data1/artigos/artigomoema01.pdf>.

DOUXAME, Christine. Teatro negro: a realidade de um sonho sem sono. Disponível em: <https://portalseer.ufba.br/index.php/afroasia/article/view/21016>.

NASCIMENTO, Abdias. "Teatro experimental do negro: trajetória e reflexões". In: *Estudos avançados*, vol. 18, n. 50. São Paulo Jan./ Abr. 2004. Disponível em: <http://www.scielo.br/scielo.php?script= sci_arttext&pid=S0103-40142004000100019>.

4. Tempo estimado: duas aulas.

PREPARAÇÃO

Leia as peças de José de Alencar, de Abdias do Nascimento e de Cuti para selecionar os trechos mais representativos. O monólogo de Cuti é um texto mais curto e pode ser entregue na íntegra para os alunos.

Pesquise sobre a trajetória do teatro negro no Brasil. Há vários artigos sobre esse tema que merecem ser lidos. O artigo de Moema Augel "A fala identitária: teatro afro-brasileiro hoje" pode ser um suporte teórico bastante útil para essa aula, pois traz a representação do negro no teatro brasileiro a partir das peças de Alencar, passando pelo movimento criado pelo escritor Abdias Nascimento e terminando com o teatro contemporâneo de Cuti.

Em "A realidade de um sonho sem sono", de Christine Douxame, o professor poderá complementar sua visão a respeito da formação dos grupos teatrais focados na temática do negro no Brasil. Faz-se necessário destacar a reflexão feita pela autora sobre a representação do negro na televisão também. Ela faz um panorama das principais personagens negras da televisão brasileira, nas novelas, principalmente apontando a pouca e inexpressiva participação, salvo as produções de contexto histórico, folclórico ou policial, para representar escravizados, marginalizados e subalternos. De acordo com a autora, essa desigualdade na representação do negro no cenário midiático e dramático brasileiro se deve a um preconceito à brasileira. Ou seja, uma forma de discriminação racial sutil, disfarçada e envergonhada, na qual o embate é mais difícil, pois é velado. Esse seria um assunto interessante também para o professor levar à aula para discussão, a partir dos textos aqui analisados.

Pesquise sobre o gênero dramático no Brasil e seus principais autores e observe se eles abordam a temática do afro-brasileiro e se o seu ponto de vista se aproxima mais de Alencar ou Abdias.

O texto indicado, em que Abdias Nascimento explica a trajetória do Teatro Experimental do Negro (TEN), é um excelente apoio para o professor que ainda não se enveredou pelos caminhos da dramaturgia afro-brasileira. Com uma linguagem simples e profunda, o escritor descreve as dificuldades de se construir uma escola de formação de atores negros conscientes e dispostos a resistir ao preconceito e à segregação impostos desde os séculos anteriores. O relato de Nascimento sobre a constatação da necessidade de se fazer essa escola é válido, inclusive, para incentivar os alunos e apontar a importância da cultura como ferramenta motivadora e transformadora de uma comunidade. Antes da fundação do TEN, e ao assistir a uma peça teatral em que a personagem negra era representada por um branco pintado de preto, o autor percebeu um ruído, uma falha que devia ser reparada, pois isso não se devia à ausência de negros, e sim à crença preconceituosa de que não havia negros capacitados ou preparados para atuar. O TEN surge então com o propósito de resgatar, no Brasil,

> os valores da pessoa humana e da cultura negro-africana, degradados e negados por uma sociedade dominante que, desde os tempos da colônia, portava a bagagem mental de sua formação metropolitana europeia, imbuída de conceitos pseudocientíficos sobre a inferioridade da raça negra. Propunha-se o TEN a trabalhar pela valorização social do negro no Brasil, através da educação, da cultura e da arte. (Nascimento, 2004, p. 1)

Em "Negro que te quero negro", Marcos Alexandre apresenta muitos dos herdeiros do TEN, refletindo sobre a atuação dos grupos contemporâneos que permanecem na temática.

Assista aos filmes *A negação do Brasil* e *Filhas do vento* para ter subsídios para as possíveis reflexões sobre a representação do negro na televisão e no cinema. O documentário trata da questão do negro nas telenovelas, desde a década de 1950 do século XX até o século XXI, questionando a imagem distorcida a respeito dos afro-brasileiros abordada nas novelas. A eles, segundo o documentário, restam sempre os papéis subalternos ou marginalizados. O longa *Filhas do vento* também tratará dessa questão, porém na figura de Cida, uma atriz que não teve seu talento reconhecido e, depois da morte do pai, resolve voltar para casa e rever as irmãs. Em Literatura Afro-brasileira: 100 autores do século XVIII ao XXI, você encontrará informações que também serão úteis para a preparação da aula sobre os autores afro-brasileiros abordados aqui.

INTRODUÇÃO

Pensar nas representações do negro na cultura de massa brasileira é refletir sobre o processo de colonização e escravização ocorrido no país. Procure estimular os alunos a refletir sobre a abordagem historiográfica da escravidão brasileira e como ocorreu a libertação dos escravizados. Isso poderá ser feito na primeira aula sobre o Romantismo, ao discutir o contexto histórico do estilo. É fundamental levar os discentes a compreender as tramas da escravidão ocorrida no Brasil, os discursos e os ideais de libertação, a concepção de formação e construção de nação e como a literatura brasileira dialoga ou não com as perspectivas da elite branca daquele contexto.

Para a aula sobre o teatro no Romantismo, trabalhe com as reflexões acerca do gênero dramático para associá-lo às representações do negro no século XIX e atualmente; provoque-os a pensar nas diferenças e semelhanças dessas representações. Para tanto, é possível partir dos textos fornecidos pelo próprio livro de História adotado pela escola e da aula sobre as representações do navio negreiro, presentes na Sequência Didática 3, "A metáfora crucial do navio negreiro".

DESENVOLVIMENTO

1ª AULA

Depois de ter trabalhado com os alunos a prosa romântica afro-brasileira e os romances de José de Alencar, presentes nas Sequências Didáticas anteriores, introduza o texto dramático do autor. Discuta com os estudantes as características do gênero para motivá-los a refletir sobre as representações sociais do negro no século XIX. Levante hipóteses sobre as motivações na construção de uma personagem no teatro. Crie associações entre personagens conhecidas que foram consagradas no teatro, cinema ou televisão brasileira para induzir os alunos a perceber como o ponto de vista do autor — *seu lugar de fala* e *para quem ele fala* — podem influenciar nessa construção.

Apresente a peça *O crédito*, faça uma pequena sinopse do enredo e mostre como as personagens são apresentadas. Leve-os a perceber que as únicas personagens que não possuem nome próprio e nem uma fala sequer são os escravos, chamados de "padrinho" e "moleque".

Apresente a peça *O demônio familiar* aos alunos, explique o enredo e analise os trechos escolhidos comparando com a peça anterior. Há três abordagens importantes em relação a esses textos que devem ser trabalhadas para que se entendam as diferenças entre os pontos de vista do autor. A primeira é a caracterização das personagens negras como grandes ingênuos, pessoas com poucos atributos que estão sempre na condição de escravizados, vivem subjugados aos caprichos de seus donos e não possuem qualquer juízo ou julgamento sobre seus atos. Pedro, protagonista da peça *O demônio familiar*, é descrito como mentiroso e irresponsável. Aqui, vale a pena comparar as personagens do teatro com as demais da prosa romântica, presente neste livro. Os textos de Moema Augel e Christina Douxame fornecerão fundamentação teórica para estimular uma discussão mais profunda acerca dessas representações na história do teatro brasileiro.

A segunda abordagem é em relação à linguagem, pois em uma peça os escravizados não possuem fala e na outra a linguagem de Pedro é retratada como a de uma pessoa incapaz de concatenar suas ideias. Chame a atenção dos estudantes para as diferenças da sintaxe produzida por Pedro e pelas demais personagens (há a seguir excertos que ilustram essa consideração). Procure retomar o discurso dos poetas afro-brasileiros que enfatizam o silenciamento sofrido por seus ancestrais (sugestão: Oliveira Silveira, Conceição Evaristo — trabalhados anteriormente) e o relacione a essas passagens. Esses trechos ainda permitem uma reflexão sobre como essas personagens são abordadas nas telenovelas atuais, se houve ou não uma mudança nesse tratamento. Os próprios discentes poderão fornecer tais exemplos. Utilize aqui as personagens citadas no documentário *A negação do Brasil*, podendo, inclusive, indicá-lo aos alunos. O professor poderá pedir à classe que reflita sobre uma diferença na representação dessas personagens na televisão brasileira, por exemplo, analisando telenovelas como *A escrava Isaura* (1976) e *Sinhá Moça* (2006), *A cor do pecado* (2004) e *Viver a vida* (2009), e em que medida elas se aproximam ou se distanciam em relação da temática.

A terceira abordagem está relacionada ao lugar do negro em tais textos e na repercussão dessa representação na sociedade atual. Para isso, peça aos alunos que reflitam sobre o título da peça *O demônio familiar* e discutam sobre quem é o demônio daquela família. Há dois trechos das falas de Eduardo muito significativos para essa reflexão, anexados ao final da sequência, em que é possível perceber o ponto de vista do texto com a opinião das personagens. Um, na cena VI, quando Eduardo descobre as intrigas provocadas por Pedro e afirma que isso é o que se espera por abrigar "esses répteis venenosos" e o outro, na última cena do ato, ao afirmar que o escravo é inocente, pois agiu por instinto e, como castigo, será expulso do seio daquela família, receberá sua carta de alforria e terá de aprender sobre a moral e a honestidade trabalhando para outra pessoa.

Os alunos deverão ter condição de refletir sobre a representação da carta de alforria na obra. Leve-os a questionar sobre o que deveria representar a liberdade para os negros do século XIX e como a peça de Alencar aborda esse tema promovendo uma inversão desse valor.

2ª AULA

Retome o tema do tratamento da personagem negra para introduzir os trechos da peça teatral de Abdias Nascimento e do monólogo de Cuti. Motive os alunos a pensar na importância de textos que coloquem os protagonistas negros de forma não estereotipada. Levante um questionamento sobre os papéis mais comuns desempenhados por brancos e negros na televisão, cinema ou teatro brasileiros (o professor pode pedir aos alunos que pesquisem na aula anterior sobre esses papéis). A partir dessa reflexão, explique a trajetória do teatro negro no Brasil. Cabe explorar aqui o empenho do escritor Abdias Nascimento em fundar o Teatro Experimental do Negro e como esse movimento foi importante para a cena teatral contemporânea, influenciando outros escritores, como Cuti, que também se empenharam em produzir textos dramáticos com o tema e o ponto de vista do negro.

Explique o enredo de *Sortilégio* e apresente as personagens já estabelecendo as diferenças entre as obras estudadas na aula anterior. Mostre o trecho em que Emanuel reconhece a maldade presente na bondade dos brancos. Explore os adjetivos no texto e os contraponha àqueles utilizados por Alencar; procure sensibilizar os alunos em relação à caracterização presente nas obras para esclarecer as subjetividades destoantes nos textos.

Entregue o monólogo de Cuti e deixe-os ler sozinhos ou em dupla para comentar depois sobre suas impressões. Peça-os para comparar os textos contemporâneos com os do século XIX. Dialogue a partir das concepções do gênero dramático, discuta sobre a verossimilhança dos enredos e a concepção de imitação na arte em relação aos pontos de vista estabelecidos entre os textos e contextos. Nesse momento, é possível coletar impressões e testemunhos dos alunos a respeito dos sujeitos sociais e de suas representações.

Os alunos deverão perceber a intenção do autor que procura desconstruir a imagem do negro pobre coitado e vitimizado pela sociedade por ser negro. Interessante ressaltar aqui que a personagem Celso é, sim, vítima, mas não no sentido de mártir e redentor, tratado artificialmente ou utopicamente. Sua condição dupla de vítima, ao mesmo tempo que reverte o papel do subalterno, pois aquele era um "negro da maior estica", traz a reflexão sobre a representação desse negro na sociedade herdeira do escravismo quando, nu, é perseguido pela polícia como tantos outros negros.

Levante questões sobre construção dos textos das duas aulas retomando as três abordagens para que os discentes entendam as diferenças do ponto de vista e intenção autoral. Os alunos deverão perceber a reversão dos valores apregoados nas peças de Alencar. A desconstrução do negro ingênuo e o conceito de liberdade em Emanuel; o caráter, a voz, a reflexão e profundidade discursiva na linguagem elaborada de Celso.

Retome as principais características da prosa romântica, explique que esse período foi marcado por um projeto literário que queria construir uma nação brasileira e valorizar seus elementos; motive os alunos a refletir sobre um possível paradoxo entre o que se pretendia e o que ocorreu com a representação dos sujeitos no texto literário e sobre a importância da literatura para a formação ou deformação das identidades por meio das suas representações.

Alternativas para se ganhar tempo durante as aulas

O professor que precisar reduzir o tempo da aula poderá entregar o texto de Cuti, *Madrugada, me proteja*, na primeira aula para que os alunos já estejam com a leitura pronta para a próxima.

A exibição de *A negação do Brasil* é um ótimo recurso para aprofundar na questão da representação do negro nos textos dramáticos, o professor poderá marcar um horário alternativo para a exibição do documentário ou pedir aos alunos que assistam em casa.

Avaliação

A avaliação pode ser feita pela:

- Produção de resenha sobre os filmes.
- Elaboração de texto que compare os textos estudados em sala.
- Promoção de um debate sobre a temática.

Proposta de atividade

A partir do estudo do gênero dramático, o professor pode solicitar aos alunos que apresentem como trabalho de final de semestre uma peça de teatro ou a produção de um filme que dialogue com a questão do ponto de vista do texto e da representação da diversidade nos textos literários para apresentar aos colegas ou à comunidade escolar.

Veja também

Filhas do vento, 2004, direção Joel Zito, 84 min. O filme tem o elenco todo composto por atores negros e reflete, entre outros temas, o drama da atriz negra na representação de papéis subalternos.
O anjo negro, de Nelson Rodrigues. A peça pode ser um contraponto contemporâneo às discussões, pois apesar de tratar da temática com certa preocupação em denunciar o racismo, acaba por reproduzi-lo.

TEXTOS

O demônio familiar

José de Alencar

CENA VIII

Pedro, Jorge

Pedro (querendo tomar o livro) — Ande, ande, nhonhô; vá lá para dentro! Deixe o livro.

Jorge — Se tu és capaz, vem tomar!

Pedro — Ora! É só querer!

Jorge — Pois eu to mostrei!

Pedro — Está arrumado! Pedro, moleque capoeira, mesmo da malta, conta lá com menino de colégio! Caia! É só neste jeito; pé no queixo, testa na barriga.

[...]

Pedro — Um verso!... Oh! Pedro vai levar à viúva!

Jorge — Que viúva?

Pedro — Essa que mora aqui adiante!

Jorge — Para quê?

Pedro — Nhonhô não sabe? Ela tem paixão forte por sr. moço Eduardo; quando vê ele passar, coração faz tuco, tuco, tuco! Quer casar com doutor.

Jorge — E mano vai casar com ela?

Pedro — Pois então! Mas não vá agora contar a todo o mundo.

Jorge — E ele gosta daquela mulher tão feia? Antes fosse com d. Henriqueta.

Pedro — Menino não entende disto! Sinhá Henriqueta é moça bonita, mas é pobre! A viúva é rica, duzentos contos! Sr. moço casa com ela e fica capitalista, com dinheiro grosso! Compra carro e faz Pedro cocheiro!... Leia o verso, nhonhô.

CENA VI

Carlotinha — Meu Deus! Ah! Mano!

Eduardo — Já soube tudo, uma malignidade de Pedro. É a consequência de abrigarmos em nosso seio esses répteis venenosos, que quando menos esperamos nos mordem no coração! Mas, enfim, ainda se pode reparar. Escreveste a Henriqueta?

Carlotinha — Sim; a resposta não deve tardar!

Eduardo — Tu és um anjo, Carlotinha!

Carlotinha — Como se engana, mano!

Eduardo — Que queres dizer?

Carlotinha — Nada! Eu devia lhe contar! Mas...

Eduardo — Tens alguma coisa a dizer-me? Por que não falas?

Carlotinha — Tenho medo!

Eduardo — De teu irmão! Não tens razão!

Carlotinha — Mesmo por ser meu irmão, não gostará...

Eduardo — Mais um motivo. Um irmão, Carlotinha, é para sua irmã menos do que uma mãe, porém mais do que um pai; tem menos ternura do que uma, e inspira menos respeito do que o outro. Quando Deus o colocou na família a par dessas almas puras e inocentes como a tua, deu-lhe uma missão bem delicada; ordenou-lhe que moderasse para sua irmã a excessiva austeridade de seu pai e a ternura muitas vezes exagerada de sua mãe; ele é homem e moço, conhece o mundo, porém também compreende o coração de uma menina, que é sempre um mito para os velhos já esquecidos de sua mocidade. Portanto, a quem melhor podes contar um segredo do que a mim?
Carlotinha — É verdade, suas palavras me decidem. Você é meu irmão, e o chefe da nossa família, desde que perdemos nosso pai. Devo dizer-lhe tudo; tem o direito de repreender-me!

CENA XVII

Vasconcelos — Que quer dizer?

Azevedo — Tem razão, começo a entender!
Eduardo — Os antigos acreditavam que toda a casa era habitada por um demônio familiar, do qual dependia o sossego e à tranquilidade das pessoas que nela viviam. Nós, os brasileiros, realizamos infelizmente esta crença; temos no nosso lar doméstico esse demônio familiar. Quantas vezes não partilha conosco as carícias de nossas mães, os folguedos de nossos irmãos e uma parte das atenções da família! Mas vem um dia, como hoje, em que ele na sua ignorância ou na sua malícia, perturba a paz doméstica; e faz do amor, da amizade, da reputação, de todos esses objetos santos, um jogo de criança. Este demônio familiar de nossas casas, que todos conhecemos, ei-lo.
Azevedo — É uma grande verdade.
Vasconcelos — Tem toda a razão; a ele é que ouvi!
Pedro — Mentira tudo.
Alfredo — E a carta?
Pedro — Nhanhá mandava a sinhá Henriqueta.
Henriqueta — Então é esta!

Alfredo — Mas a sobrescrita?
Henriqueta — Uma brincadeira!
Alfredo — Perdão, D. Carlotinha!
Carlotinha — Não! O que eu sofri!...
[...]

Eduardo — Por que, minha irmã? Todos devemos perdoar-nos mutuamente; todos somos culpados por havermos acreditado ou consentido no fato primeiro, que é a causa de tudo isso. O único inocente é aquele que não tem imputação, e que fez apenas uma travessura de criança, levado pelo instinto da amizade. Eu o corrijo, fazendo do autômato um homem; restituo-o à sociedade, porém expulso-o do seio de minha família e fecho-lhe para sempre a porta de minha casa. (A Pedro) Toma: é a tua carta de liberdade, ela será a tua punição de hoje em diante, porque as tuas faltas recairão unicamente sobre ti; porque a moral e a lei te pedirão uma conta severa de tuas ações. Livre, sentirás a necessidade do trabalho honesto e apreciarás os nobres sentimentos que hoje não compreendes. (Pedro beija-lhe a mão) D. Maria — Muito bem, meu filho! Adivinhaste o meu pensamento!
Azevedo — Mas agora, por simples curiosidade, diz-me, gamin, que interesse tinhas em desfazer o meu casamento?
Pedro — Sr. moço Eduardo gosta de sinhá Henriqueta!
Azevedo — Ah!... Bah!...
Eduardo — Sim, meu amigo. Eu amo Henriqueta e para mim esse casamento seria uma desgraça; para o senhor era uma pequena questão de gosto e para seu pai um compromisso de honra. Hoje mesmo pretendia solver essa obrigação. Aqui está uma ordem sobre o Souto; o Sr. Vasconcelos nada lhe deve.
Vasconcelos — Como? Fico então seu devedor?
[...]

Eduardo — Obrigado!
Vasconcelos — A vista disto, D. Maria, vou tratar de pôr a Josefa nos cobres!
Azevedo — Decididamente volto a Paris, meus senhores!

Pedro — Pedro vai ser cocheiro em casa de Major!
Eduardo — E agora, meus amigos, façamos votos para que o demônio familiar das nossas casas desapareça um dia, deixando o nosso lar doméstico protegido por Deus e por esses anjos tutelares que, sob as formas de mães, de esposas e de irmãs, velarão sobre a felicidade de nossos filhos!...

Sortilégio II
Abdias Nascimento

Emanuel — São eles. Vêm subindo. Me levaram as duas: a esposa e a mulher amada. Me roubaram tudo. Melhor. Muito melhor assim (gritos de triunfo, intercalados com riso alto até o momento em que entra no pegi). Agora me libertei. Para sempre. Sou negro liberto da bondade. Liberto do medo. Liberto da caridade e da compaixão de vocês. Levem também esses molambos civilizados, brancos (enquanto fala, tira a camisa, as calças, fica só de tanga. Vai atirando tudo pela ribanceira abaixo). Tomem seus troços! Com estas e outras malícias vocês abaixam a cabeça dos negros... Esmagam o orgulho deles.
Lincham os coitados por dentro. E eles ficam domésticos... castrados... bonzinhos... de alma branca... Comigo se enganaram. Nada de mordaça na minha boca. Imitando vocês que nem macacos amestrados. Até hoje fingi que respeitava vocês... que acreditava em vocês. Margarida muito convencida que eu estava fascinado pela brancura dela! Uma honra para mim ser chifrado por uma loura. Branca azeda idiota. Tanta presunção e nem percebia que eu simulava... procedia como pessoa educada, ouviu? Como mulher você nunca significou nada para mim. Olha: quem tinha nojo era eu. Aquelas coxas amarelecidas que nem círio de velório me reviravam o estômago. Seu cheiro? Horrível! O pior: teus seios mortos de carne de peixe. E o nosso filho... lembra-se? Outro equívoco... novo engano de sua parte. Você o matou para se desforrar da minha cor, não foi? Mas ele era também seu sangue. Isto você deixou de levar em conta. Que eu não poderia amar uma criatura que tinha a marca de tudo aquilo que me humilhou... me

renegou. Desejei um filho de face bem negra. Escuridão de noite profunda... olhos parecendo um universo sem estrelas... Cabelos duros, indomáveis... Pernas talhadas em bronze... punhos de aço... para esmagar a hipocrisia do mundo branco...
Filha I — Aniquilar os falsos sonhos da brancura.
Emanuel — Brancura que nunca mais há de me oprimir, estão ouvindo?
Filha II — Erradicar o ódio do mundo branco.
Emanuel — Está ouvindo, Deus do céu?
Filha III — Obliterar o poder destrutivo do mundo branco.
Emanuel — Eu quero que todos ouçam!
Filha II — Apagar o ódio do mundo branco!
Emanuel — Venham todos, venham!
Filha I — Da terra.
Filha II — Do céu.
Filha III — Do inferno.

(*Sortilégio II: mistério negro de Zumbi redivivo*, p. 121-123.)

Madrugada me proteja
Cuti

Celso — (Dando sinal) Táxi!... Táxi!... Táxi!...
(O som do veículo se afasta)
Celso — Merda! Vaziozinho... Esse aí tem a mãe na zona. Corno do cacete! Só pode ser um chifrudo um cara desse. Porra! Vê uma pessoa na rua a uma hora essa... (Olha no relógio) Três e meia! É um canalha. Eu não estou mal arrumado nem nada?! Pô, quando o cara tá todo esculachado, aí vá lá... Dá pra pensar que é marginal, de noite, rua deserta... Mas, um crioulo na maior estica...? Terno em cima, cabelo cortado, barba feita, desodorante do mais caro, grana no bolso... Vem um safado com um "pois é" caindo aos pedaços — que o meu vale 100 daquela porcaria — vem, precisando ganhar o leite das crianças, eu dou sinal, a figura não para!? (Indignado) E deve ser um fodido... Porque um cara pra

pegar um carro e ficar à noite toda atrás de freguesia só pode estar na pior. Ou então é ganancioso. [...]

(Barulho de outro automóvel se aproximando.)

Celso — (Dando o sinal) Táxi! Táxi!...

O barulho se afasta.

[...]

(Som de passos apressados. Celso assusta-se. Barulho de arma sendo engatilhada. Celso encosta-se no muro com as mãos pra cima.)

Celso — (Com muito medo.) Certo... Certo... Eu já entendi... Não precisa atirar... Tá certo... Grana?... Tem, tem grana sim. Fica frio, meu irmão!... Eu... Eu vou te dar a carteira sim... Mas, pode baixar a arma, meu irmão. Eu tô descoberto e não sou de briga... (Mais nervoso.) Certo, certo... Eu vou pegar... Eu vou pegar... Fica frio... (Celso, com dificuldade, retira do bolso de trás das calças a carteira e estende-a.)

Celso — Toma aí... Pode pegar... Eu sou de boa paz, meu chapa. Ahn?... Certo, certo... Vou jogar, mas não precisa atirar, hein!...

(Com muito jeito lança a carteira.)

[...]

(Ouve-se um estampido e os passos de alguém correndo. Celso cai e fica imóvel. Pausa. Som de sirene de rádio patrulha. Celso levanta-se em pânico. Tenta se cobrir com as mãos, mas termina optando pela fuga. Corre pelo palco. Um foco de luz agita-se na perseguição. Ouvem-se mais tiros. Quando o som da sirene aproxima-se ao máximo, Celso já está acuado, sob o foco de luz)

Voz — (Off) Documento!...

(Celso, derrotado, cobre a genitália. Expressa profunda indignação. Por fim, começa a rir, num crescendo. Traduz indignação e graça. Chega à gargalhada de pura gozação, mantendo sempre as mãos sobre a genitália. Súbito, petrifica-se. Vira estátua. A luz vai amortecendo. Simultaneamente, ouve-se um hino cívico assobiado.)

SEQUÊNCIA DIDÁTICA 6

MACHADO DE ASSIS E A SOCIEDADE DO SEU TEMPO

1. Objetivo

Analisar textos de Machado de Assis, romance e contos, a fim de se aprofundar o entendimento do Realismo como estética literária e discutir a crítica irônica e dissimulada do escritor em relação à escravidão na sociedade brasileira.

2. Conteúdo

- Prosa realista
- Prosa machadiana
- Literatura afro-brasileira de Machado de Assis

3. Material necessário

Leitura

Cópia para os alunos dos capítulos 11 e 68 do livro *Memórias póstumas de Brás Cubas*.

Cópia para os alunos dos contos "O caso da vara" e "Pai contra mãe".

MACHADO DE ASSIS, Joaquim Maria. *Memórias Póstumas de Brás Cubas* (1881). In: COUTINHO, Afrânio (Org.). *Obra completa*. Rio de Janeiro: Nova Aguilar, 1997, vol. 1, p. 511-639.

_______. "Pai contra mãe". *Relíquias de casa velha* (1906). In: COUTINHO, Afrânio (Org.). *Obra completa*. Rio de Janeiro: Nova Aguilar, 1997, vol. 2, p. 659-667.

_______. "O caso da vara". *Páginas recolhidas* (1900). In: COUTINHO, Afrânio (Org.). *Obra completa*. Rio de Janeiro: Nova Aguilar, 1997, vol. 2, p. 577-582.

Textos disponíveis em: <www.dominiopúblico.gov.br>.

A leitura do prosa de Machado de Assis pode ser realizada, de modo mais fácil, por meio do site <http://www.machadodeassis.net/hiperTx_romances/index.asp>, no qual os contos e romances do escritor encontram-se disponíveis em hipertexto, o que facilita a compreensão do alunado quanto ao significado de termos e expressões e ainda indica as referências intertextuais e interdiscursivas por ele utilizadas.

Multimídia

Quanto vale ou é por quilo, livre adaptação do conto "Pai contra mãe", de Machado de Assis. Diretor: Sergio Bianchi. Origem/ano de produção: Brasil/2005. Duração: 110 min. Classificação: 14 anos.

Sugestões para a pesquisa do professor

CHALHOUB, Sidney. *Machado de Assis*: historiador. São Paulo: Companhia das Letras, 2003.

DUARTE, Eduardo de Assis. "Estratégias de caramujo". In: ____ (Org.). *Machado de Assis afro-descendente*: escritos de caramujo. Rio de Janeiro: Pallas; Belo Horizonte: Crisálidas, 2007.

LOPES, Elisangela Aparecida. "Machado de Assis, homem do seu tempo e do seu país". Disponível em: <www.letras.ufmg.br/literafro>.

______. *Homem do seu tempo e do seu país*: senhores, libertos e escravos nos escritos de Machado de Assis. Dissertação (mestrado). Programa de Pós-Graduação em Letras: Estudos Literários. Faculdade de Letras. Universidade Federal de Minas Gerais. 2007. Disponível em: <http://www.bibliotecadigital.ufmg.br/dspace/bitstream/1843/ECAP-74QJMQ/1/disserta__o__v_final_entrega.pdf>.

GLEDSON, John. *Machado de Assis*: ficção e história. 2ª ed. São Paulo: Paz e Terra, 2003.

SCHWARZ, Roberto. "As ideias fora do lugar". *Ao vencedor as batatas*: forma literária e processo social nos inícios do romance brasileiro. 5ª ed. São Paulo: Duas Cidades; Editora 34, 2000a.

1. Tempo estimado: três aulas.

PREPARAÇÃO

O professor deverá ler os textos literários aqui indicados e destacar a construção do discurso machadiano quanto à sociedade do seu tempo e, especialmente, quanto às regras que definem as relações sociais no século XIX. Atente-se ainda à adoção da ironia por parte do autor como um fator que dissimula esse olhar crítico de Machado de Assis e, muitas vezes, ludibria o leitor contemporâneo do autor tanto quanto os leitores da atualidade. Observe ainda como se dá a construção das personagens presentes nessas narrativas e o tratamento linguístico dispensado pelo autor às personagens escravas, compare-o àquele dispensado às personagens representantes do estamento senhorial.

Quanto aos textos críticos indicados, eles podem ser úteis para sustentar uma leitura mais social e étnica dos textos de Machado de Assis, bem como podem ser utilizados para se promover debates ou seminários em sala de aula.

INTRODUÇÃO

Retome as características da literatura realista com os alunos.

É importante mencionar os fatos históricos que suscitaram o surgimento de uma nova forma de se produzir literatura, especialmente, os avanços no campo científico e o surgimento das correntes cientificistas:

1. Teoria da evolução, de Charles Darwin: seres vivos submetidos ao processo de *seleção natural* da espécie.
2. Determinismo, de Hipolyte Taine: ser humano condicionado pela influência do *meio ambiente*, da *raça*, e do *momento* histórico.
3. Materialismo dialético de Karl Marx e Friedrich Engels: processo histórico como *luta de classes* e a revolução comunista como *síntese* da História.
4. Positivismo, de Augusto Comte: aprofundamento do Iluminismo do século XVIII, contra a teologia e a metafísica.

A retomada dessas correntes cientificistas indica um olhar mais atento para a realidade e a sociedade. Tal abordagem se faz necessária não só para contextualizar o momento literário como também para se perceber, na leitura dos textos, o olhar crítico de Machado de Assis a respeito da sociedade brasileira do século XIX.

Seria importante retomar com os alunos os conceitos de mimese e verossimilhança. Para tanto, recorra ao *Dicionário de termos literários*,[1] de Massaud Moisés, que oferece uma visão ampliada e histórica da ideia de mimese, que pode ser assim entendida como "imitação", "representação", "indicação", "sugestão", dentre outros vocábulos. Aristóteles entende que "o artista molda o seu objeto à imagem e semelhança da natureza", por isso, esse filósofo compreende que mimese é cópia/representação da realidade.

Já a ideia de verossimilhança pode ser traduzida como aquilo que se assemelha à realidade. No contexto da obra literária, o texto torna-se verossímil ao representar aquilo é possível de ocorrer na realidade. Para tanto, no Realismo, os autores fazem uso, inclusive, de dados históricos, fatos reais, dentre outros recursos, a fim de tornar o texto verossímil.

Para relacionar os dois conceitos, use a frase de Bento Santiago em *Dom Casmurro*: "Eu, leitor amigo, aceito a teoria do meu velho Marcolini, não só pela verossimilhança, que é muita vez toda a verdade, mas porque a minha vida se casa bem à definição" (Capítulo X).

DESENVOLVIMENTO

1ª AULA: MEMÓRIAS PÓSTUMAS DE BRÁS CUBAS, 1881, O INÍCIO DO REALISMO BRASILEIRO

Resuma a obra *Memórias póstumas de Brás Cubas* para os alunos a fim de facilitar o entendimento do enredo e dos marcadores que definem a obra como introdutora do realismo no país. Destaque o fato de a obra ser narrada em 1ª pessoa ou narrador-personagem: Brás Cubas; o fato de esse narrador-personagem ser um "defunto-autor": "é que

[1] MOISÉS, Massaud. *Dicionário de termos literários*. São Paulo: Cultrix, 2004.

eu não sou propriamente um autor defunto, mas um defunto autor, para quem a campa foi outro berço" (Capítulo I).

A partir dessa afirmação, problematize o substantivo composto: por que Brás Cubas se intitula defunto autor e não autor defunto? Tal condição permite ao narrador-personagem rever e contar sua vida com um ponto de vista mais crítico da vida que teve, revelando ao leitor suas frustrações, desamores, inverdades. Sugestão: ler com os alunos o último capítulo do livro, "O capítulo das negativas".

A obra é uma forma de o autor Brás Cubas rever sua vida e ser crítico de si mesmo e da sociedade na qual viveu.

Leia com os alunos o capítulo 11, "O menino é o pai do homem". Peça para que eles tracem um perfil do narrador-personagem a partir do trecho. Questione-os a respeito do(s) motivo(s) ao(s) qual(is) Brás Cubas atribui o seu temperamento.

Peça aos educandos que apontem possíveis significados para o nome do escravo: Prudêncio. Pergunte a eles qual a relação entre o nome e o comportamento do cativo no trecho.

Leia com eles o capítulo 68, "O vergalho". Compare a fala do escravo vergalhado às palavras de Prudêncio no capítulo 11, a fim de destacar a restrição da voz dos escravos diante dos seus senhores. Compare também a conversa realizada entre Brás Cubas e Prudêncio no capítulo 11 ao diálogo do capítulo 68, com o objetivo de mostrar que a relação entre ambas as personagens permanece semelhante mesmo depois da liberdade concedida ao escravo pelo pai de Brás Cubas.

Peça aos alunos que procurem no texto indícios da submissão de Prudêncio, mesmo liberto, a Brás Cubas. Reflita com eles sobre a conclusão a que chega Brás Cubas no último parágrafo do trecho, destacando a crítica presente na voz do narrador-personagem sobre o sistema escravista. Leve-os a refletir sobre a crítica realizada por Machado de Assis em relação à sociedade do século XIX. O autor mostra que há um sistema, uma mentalidade, um tipo de comportamento que alimenta a escravidão, e poderá inclusive fazer com que os valores escravistas se perpetuem mesmo depois da liberdade, ou da abolição da escravatura.

Indique aos alunos a leitura do conto "O caso da vara", publicado em *Páginas recolhidas*, para a próxima aula. Peça aos educandos que organizem no caderno o perfil físico e psicológico das seguintes personagens envolvidas na história: Sinhá Rita, Damião e Mariana.

2ª AULA: "O CASO DA VARA", DE *PÁGINAS RECOLHIDAS*

Questione os alunos sobre a construção física e psicológica das personagens envolvidas no conto, conforme sugerido na aula anterior. Em seguida, discuta com eles as relações estabelecidas entre as personagens. Tais relações se dão em torno das seguintes ideias:

1. Damião e Sinhá Rita: interesse de se livrar do seminário, o que pode ser facilitado pela influência desta junto ao pai do jovem.
2. Sinhá Rita e Comendador: chantagem sentimental, emocional, sexual.
3. Lucrécia e Sinhá Rita: obediência, medo.
4. Sinhá Rita/Lucrécia: poder e crueldade.
5. Damião/Lucrécia: cuidado, inicialmente; descaso, depois.
6. Lucrécia/Damião: desejo de que ele a defendesse.

Esclareça que essas três personagens representam os estamentos da sociedade brasileira no século XIX: a senhora de escravos; o homem livre e a escrava. Comente ainda que há "condutas" que definem as relações entre eles: é Sinhá Rita que governa a vida das outras duas personagens, pelo seu poder de interferência, ela pode mudar o destino de Damião, por intermédio de João Carneiro; pelo poder de dispor dos seus bens, lida com Lucrécia da maneira como desejar. Há, então, três políticas comportamentais em xeque: a dominação do senhor em relação à escrava, vista como mera mercadoria; a política do favor do homem livre em relação à senhora; e a ausência de identificação entre o homem livre e a escrava, a fim de garantir a manutenção de seus desejos.

Ressalte a descrição física de Lucrécia: a personagem apresenta marcas pelo corpo que mostram o tratamento que lhe é oferecido pela sua senhora. Aponte também a limitação discursiva da personagem e o hábito de "tossir para dentro" como fatos que confirmam a verossimilhança que Machado de Assis deseja imprimir nessa história fictícia.

Nesse conto, a vara representa um instrumento de coerção e garantia de manutenção das vontades senhoriais, já que é por meio dela que Sinhá Rita rege o comportamento de Lucrécia. Fato similar irá ocorrer no conto "Pai contra mãe", objeto da próxima aula.

Indique aos alunos a leitura do conto para o próximo encontro.

3ª AULA: "PAI CONTRA MÃE", DE *RELÍQUIAS DE CASA VELHA*

Releia com os alunos o primeiro parágrafo do conto. Destaque o tempo da enunciação: "A escravidão levou consigo ofícios e aparelhos, como terá sucedido a outras instituições sociais." Sendo assim, o conto foi escrito e publicado após 1888.

Peça aos alunos que reflitam sobre a seguinte afirmação:

> Era grotesca tal máscara, mas a ordem social e humana nem sempre se alcança sem o grotesco, e alguma vez o cruel. Os funileiros as tinham penduradas, à venda, na porta das lojas. Mas não cuidemos de máscaras.

Há nesse primeiro parágrafo duas afirmações que indicam, respectivamente, o lado grotesco e cruel da sociedade escravista, e o tom grotesco, cruel e realista que o narrador irá adotar para narrar a história. Pergunte aos alunos quais significados podem ser atribuídos à frase: "Mas não cuidemos de máscaras", pois se pode inferir que o narrador não falará mais da máscara de folha de flandres, mas também pode-se dizer que ele não tratará do assunto que envolve a escravidão fazendo uso de máscaras, ou disfarces, mas sim de maneira direta, crua, realista.

A fim de elucidar melhor o perfil desse narrador, faz-se importante o comentário da crítica Heloísa Toller (1994, p. 177):[2]

> Estamos agora na presença de um narrador único, que se distingue dos personagens não só por situar-se fora da órbita dos acontecimentos narrados, mas também, e muito especialmente, pelo tipo de discurso que se utiliza. Este é ilustrado, informativo, solícito — sempre irônico — ao passo que o dos personagens é repetitivo, limitado, nutrindo-se de frases feitas e lugares comuns, expressando uma total penúria espiritual que equivale à sua penúria material. Na minuciosidade com que o narrador descreve esse mundo miserável, que desconhece qualquer preocupação acima de suas urgências particulares, sente-se nele o gozo da própria superioridade. Ao promover este contraste, o texto estabelece um espaço privilegiado para o exercício do discurso irônico, o qual — vale lembrar — permeia toda a tessitura do texto.

Escreva no quadro os aparelhos e suas funções:

1. Ferro ao pescoço e outro ao pé: pode-se inferir que fosse utilizado para limitar os movimentos e evitar a fuga.
2. Máscara de folha de flandres: evitava o vício da bebida e do furto.
3. Ferro ao pé: sinalizava o escravo fujão, por isso "era menos castigo que sinal".

Pode-se ainda ampliar o sentido desses "aparelhos" da escravidão, a fim de abarcar dois comportamentos.

[2] GOMES, Heloísa Toller. *As marcas da escravidão*: o negro e o discurso oitocentista no Brasil e nos Estados Unidos. Rio de Janeiro: UFRJ: Eduerj, 1994.

1. Pancada: forma de castigo a exemplificar a conduta indesejável. Peça aos alunos que reflitam sobre a afirmação: "Sucedia ocasionalmente apanharem pancada, e nem todos gostavam de apanhar pancada. Grande parte era apenas repreendida; havia alguém de casa que servia de padrinho, e o mesmo dono não era mau; além disso, o sentimento da propriedade moderava a ação, porque dinheiro também dói."
2. Jornais: espaço destinado à publicação das descrições do escravo fugido, a fim de facilitar a captura, realizada pelo "capitão do mato". Peça aos alunos que reflitam sobre a afirmação: "Não seria nobre, mas por ser instrumento da força com que se mantêm a lei e a propriedade, trazia esta outra nobreza implícita das ações reivindicadoras".

O discurso direto e claro que Machado de Assis atribui ao narrador do conto parece nos indicar os parâmetros que constituem a sociedade escravista e que fundamentam uma luta — daí o título do conto — entre os estamentos sociais.
Para aprofundar na leitura do conto, sugere-se que os educandos se detenham, primeiramente, ao perfil das personagens.

1. Clara:
    a. Vinte e dois anos, órfã, morava com a tia, desejava casar-se.
    b. Apaixonou-se por Cândido Neves em um baile: "tal foi a página inicial daquele livro, que tinha de sair mal composto e pior brochado."
    c. A limitação do discurso:
       "— Nossa Senhora nos dará de comer."
       "— Deus nos há de ajudar, titia, insistia a futura mãe."
       " — Titia não fala por mal [...]"

2. Tia Mônica:
    a. Alertava ao jovem casal para a condição miserável a que estava destinado.
    b. Porém, parecia ter interesse na união: era dada a patuscadas; uma possível melhoria de vida?

c. Cobrava um trabalho certo de Candinho: "— Certa, um emprego, um ofício, uma ocupação, mas em que é que o pai dessa infeliz criatura que aí vem gasta o tempo?"
d. Alerta que a criança viveria à míngua, como eles.
e. Crueldade: pedir ao jovem casal que leve a criança à Roda — manutenção da ordem social e humana?
f. Perdoa o retorno da criança pelos braços do pai, "uma vez que trazia os cem mil réis".

3. Arminda:
   a. Escrava fugida, mercadoria. Valor da recompensa: 100 mil réis.
   b. Atenção ao nome das ruas: Rua do Parto, Rua da Ajuda, Rua dos Ourives, Rua da Alfândega — percurso da escrava capturada.
   c. Na Rua da Ajuda, ela pede a clemência de Candinho.
   d. Já na casa do senhor, ajoelha-se.
   e. O aborto: luta de poderes — a mãe perde a batalha e "vinga" o 2º estamento: os homens livres.

4. O proprietário da escrava:
   a. Anuncia a perda da mercadoria.
   b. Ação única: paga pelo bem restituído.

5. Cândido Neves:
   a. No comércio, "a obrigação de servir, porém, de atender e servir a todos feria-o na corda do orgulho".
   b. Foi fiel de cartório de uma repartição do Ministério do Império; carteiro — ofícios que foram deixados logo depois de obtidos.
   c. Tentou ser entalhador, "mas querendo aprender depressa, aprendeu mal".
   d. Capturar escravos fugidos trouxe-lhe "um encanto novo". Exigia-lhe pouco.
   e. Desse ofício, saía, algumas vezes, em sangue, marcado de unhadas e dentadas. "A ordem social e humana nem sempre se alcança sem o grotesco, e alguma vez o cruel".

f. A cegueira da necessidade fazia-o enganar-se...
g. Trocar de ofício = "seria um modo de mudar de pele ou de pessoa."
h. A captura de Arminda, a morte de seu filho, permite a Cândido Neves permanecer com o filho. O pai — representação da ordem social (grotesca e cruel) — vence a luta.

Depois, torna-se interessante, se o professor assim desejar, aprofundar nos princípios da sociedade estamental brasileira oitocentista que definem as relações sociais ilustradas pela narrativa:

O direito de propriedade

- É garantido pelos aparelhos da escravidão: a máscara de folha de flandres, o ferro ao pescoço, o guizo ao pé.
- Moderava a repreensão dos senhores aos escravos: restringia as pancadas, pois "dinheiro também dói".
- Garantia "um certo ofício": a captura dos escravos fugidos.
- Segundo esse princípio, para o proprietário, o escravo era mera força de trabalho.
- Para a sociedade, representada na figura do homem livre, o escravo era mercadoria.
- É a restituição do direito de propriedade que vai permitir a Candinho exercer "um ofício", "uma função".
- Irá determinar o final da narrativa, pois é tal direito que define o destino de Arminda e, consequentemente, de Cândido Neves e de seu filho.

A política do favor

- Segundo Roberto Schwarz (2000b),[3] "o favor, ponto por ponto, pratica a dependência da pessoa, a exceção à regra, a cultura interessada, remuneração e serviços pessoais".
- Determina a relação familiar de Cândido Neves.

---

[3] SCHWARZ, Roberto. *Um mestre na periferia do capitalismo*: Machado de Assis. 4ª ed. São Paulo: Duas Cidades; Editora 34, 2000b.

- Tia Mônica, de certa forma, dependia do dinheiro dele. Cândido dependia da casa que ela alugava.
- Clara dependia de ambos e da intervenção divina: "— Deus há de ajudar, titia, insistia a futura mãe."
- A criança que iria nascer dependeria de todos.
- Permite-lhes um novo lar depois do despejo: "[...] o aposento de favor."
- O favor e a miséria desencadeiam a intervenção de Tia Mônica.

Sugere-se ainda que o professor indique ou assista com os alunos ao filme *Quanto vale ou é por quilo*, de Sérgio Bianchi, uma adaptação livre desse conto machadiano e que também pode ser entendido como a reverberação dos ditames do regime escravista na sociedade contemporânea.

Avaliação

A avaliação pode se dar por meio de:

- Exercícios comparativos entre os textos, a fim de se perceber o posicionamento de Machado de Assis em relação à sociedade do seu tempo.
- Comparação entre o filme e o conto.
- Resenha do filme indicado.

Veja também

A intertextualidade do romance *Ponciá Vicêncio* (2003, p. 14-15), de Conceição Evaristo, com o capítulo "O menino é o pai do homem", de Machado de Assis.[4] No início do romance (terceiro capítulo), a escritora mineira recria a cena machadiana, no contexto da relação do pai da protagonista com o sinhô moço, sendo a ação deste ainda mais cruel.
Memórias póstumas de Brás Cubas. Direção: André Klotzel. Origem/ano de produção: Brasil/2000. Duração: 102 min. Classificação: 12 anos.

[4] EVARISTO, Conceição. *Ponciá Vicêncio*. Belo Horizonte. Mazza, 2003, p. 14-15. [terceiro capítulo]

SEQUÊNCIA DIDÁTICA 7

PERSONAGENS FEMININAS NEGRAS: SÉCULOS XIX E XX

1. Objetivos

Analisar a presença da personagem feminina negra em textos literários das últimas décadas do século XIX no período chamado Naturalismo e fazer uma contraposição com a visão da mulher na literatura afro-brasileira contemporânea.

2. Conteúdo

- Prosa naturalista do século XIX, *O cortiço*, de Aluísio Azevedo.
- Prosa contemporânea afro-brasileira do século XX, Conceição Evaristo.

3. Material necessário

Cópia para os alunos (ou slides) de trechos do romance *O cortiço*, de Aluísio Azevedo, disponível em: <www.dominiopublico.gov.br> e do conto "Ana Davenga", de Conceição Evaristo, disponível em: <www.letras.ufmg.br/literafro>.

Sugestão de leitura para o professor

DUARTE, Eduardo de Assis. "Mulheres marcadas: literatura, gênero e etnicidade". In: Revista de estudos literários *Terra roxa e outras terras*. Disponível em: <http://www.uel.br/pos/letras/terraroxa/g_pdf/vol17A/TRvol17Aa.pdf>.

4. Tempo estimado: três aulas.

PREPARAÇÃO

Leia o romance *O cortiço*, de Aluísio Azevedo e o conto "Ana Davenga", de Conceição Evaristo. O artigo de Eduardo de Assis Duarte traça a trajetória da personagem feminina negra na literatura brasileira dos séculos XIX e XX e mostra os estereótipos aos quais elas foram submetidas, diferentemente das personagens femininas brancas.

INTRODUÇÃO

O romance naturalista de Aluísio Azevedo é um clássico da época e nos apresenta alguns personagens negros que revelam o ponto de vista do escritor e de seu tempo. Rita Baiana e Bertoleza, personagens de *O cortiço*, aparecem estereotipadas na visão naturalista e podem servir como contraponto da visão do negro hoje na literatura, por meio do ponto de vista interno da escritora Conceição Evaristo. O professor pode então aproveitar a aula sobre Naturalismo e sobre o célebre livro de Azevedo para contrapor as personagens dele com Ana Davenga, de Evaristo; ou, em uma aula sobre literatura contemporânea afro-brasileira, trazer de volta o romance naturalista, tão conhecido e pedido em listas de vestibulares por todo o país.

DESENVOLVIMENTO

1ª AULA

Professor, se for seguir a ordem cronológica, trabalhe primeiro com os alunos o romance de Azevedo. Explique como o livro marcou a época, seguindo as correntes científicas e filosóficas da segunda metade do século XIX, como o determinismo, o positivismo e o darwinismo. Essas influências podem ser percebidas no livro em vários trechos. O determinismo do meio pode ser exemplificado pela personagem Pombinha, que parecia "escapar" da confusão do ambiente em que vivia, mas acaba se envolvendo com a madrinha, além de outras cenas que chocaram a época e ainda podem ser considerados polêmicos. Outro personagem seria Jerônimo, o português que chega ao cortiço casado, honesto, bom pai, marido fiel e é "corrompido" pelo meio ao se relacionar com a mulata Rita Baiana. A comparação entre as personagens femininas negras pode começar aqui. Mostre aos alunos os trechos em que Rita é descrita como uma mulata sensual e "pândega", como na cena narrada no capítulo III, no qual as lavadeiras comentam sobre a personagem, tratando-a como irresponsável e de vida fácil. O narrador sempre se refere a Rita como "mulata", enfatizando sua cor, e seu "sobrenome" destaca sua condição de nordestina, também motivo de preconceito para muitos. Aponte para os alunos a posição do narrador em relação à fidelidade amorosa e à postura de Rita em seus relacionamentos. No capítulo VII, o narrador afirma, quando fala de Firmo e Rita, que ela era "volúvel como toda mestiça", referindo-se ao fato de Rita não se casar com Firmo. Em outro momento da narrativa, a personagem se diz contra o casamento, que ela chama de escravidão. Outro trecho significativo do livro em relação ao tratamento da mulata é seu envolvimento com Jerônimo, Rita será chamada pelo narrador de serpente, "feita toda de pecado" (capítulo VII), quando ele a descreve dançando, refletindo, na opinião do narrador, o calor dos trópicos, "essa terra de luxúrias".

2ª AULA

Seguindo ainda com a análise de *O cortiço*, passe agora para a personagem Bertoleza, importante figura no romance. Caso a turma tenha lido o livro, fica mais fácil desenvolver a análise, mas, do contrário, o professor pode mostrar trechos do romance em que a personagem aparece e contar aos alunos resumidamente sua história na narrativa. Enquanto Rita é "a mulata", Bertoleza é "a crioula trintona", escrava fugida e que trabalha de sol a sol. Assim como o trabalho é sua marca, a vaidade e a sorte não lhes são permitidas. Ela fica viúva e confia toda a sua vida a João Romão, que a engana. Quando Romão lhe propõe morarem juntos, o narrador afirma que ela "concordou de braços abertos, feliz em meter-se de novo com um português, porque, como toda a cafuza, Bertoleza não queria sujeitar-se a negros e procurava instintivamente o homem numa raça superior à sua", e aqui temos novamente um estereótipo reforçado, desta vez em relação aos cafuzos, no caso, às mulheres mestiças. No primeiro capítulo, há ainda outro trecho interessante a ser mostrado, aquele em que o narrador afirma que Bertoleza é caixeira, criada e amante de Romão e que, apesar de isso a cansar, ela o fazia com alegria, "o demônio da mulher". Sobre a falta de vaidade e de beleza da personagem negra, no capítulo VI o narrador afirma que ela era "sempre suja e tisnada". Tisnada, que significa enegrecida, escurecida, também pode, segundo o dicionário Houaiss, referir-se ao diabo, a algo demoníaco. Novamente, portanto, a personagem é tratada pelo narrador com requintes pejorativos. Em outro momento, ele usa "estrompada" para se referir a ela, como se fosse um objeto gasto. No capítulo X, o narrador refere-se a ela como "a coisa mais imunda" e, no capítulo XIII, como "preta fedorenta". Mais à frente, Bertoleza terá um final trágico, que não era costumeiro para os personagens brancos, mesmo no cortiço. No capítulo XIII, o narrador já nos prepara:

> Bertoleza é que continuava na cepa torta, sempre a mesma crioula suja, sempre atrapalhada de serviço, sem domingo nem dia santo; essa, em nada, em nada absolutamente, participava das novas regalias do amigo; pelo contrário, à medida que ele galgava posição social, a desgraçada fazia-se mais e mais escrava e rasteira. João Romão subia e ela ficava cá embaixo, abandonada como uma cavalgadura de que já não precisamos para continuar a viagem. (Azevedo, s/d, s/p)

E sobre a fertilidade, nem Bertoleza nem Rita Baiana têm filhos. Em certo momento, afirma o narrador: "Ainda bem que não tinham filhos! Abençoadas drogas que a Bruxa dera à Bertoleza nas duas vezes em que esta se sentiu grávida! Mas, afinal, de que modo se veria livre daquele trambolho." Chame a atenção, professor, para a cena de seu suicídio, uma das mais trágicas da literatura brasileira, em que Bertoleza, após se dar conta de ter sido enganada toda a vida por João Romão, recusa-se a tornar-se escrava novamente, injustamente, já que tanto trabalhou para sua alforria, e se mata com a faca com que limpava os peixes, cortando seu ventre, de lado a lado.

Peça aos alunos que leiam o conto de Conceição Evaristo para a próxima aula.

3ª AULA

O conto "Ana Davenga", de Conceição Evaristo, é um dos mais conhecidos e estudados da autora. O professor, para compará-lo ao romance de Aluísio Azevedo, pode começar ressaltando a questão do ambiente, do meio, que ambos têm em comum: a periferia de uma cidade grande. O cortiço de Azevedo se assemelha à favela, cenário tão caro aos autores negros contemporâneos e especialmente a Conceição Evaristo. Em seguida, comente sobre a linguagem nos dois textos. No Naturalismo, temos uma prosa detalhada, que reifica e zoomorfiza os personagens, enquanto a prosa de Evaristo é lírica, mesmo sendo enxuta. Sobre a protagonista, vale a pena uma boa comparação com as personagens de *O cortiço*. Ana Davenga é descrita como uma negra bonita e sensual, mas se diferencia muito de Rita Baiana. A cena em que Davenga conhece Ana pode ser comparada à cena em que Jerônimo se apaixona por Rita. Enquanto a baiana é comparada à serpente, à luxúria; Ana "dança macio", lembra Davenga, uma "dançarina nua" (p. 7). A dançarina à qual Davenga se refere, através do narrador, é uma que ele viu no filme, numa aldeia africana. As raízes das personagens são então valorizadas e enfatizadas. Os dois, assim que se conhecem, já se comportam como namorados, numa sugestão de fidelidade e compromisso, ao contrário dos relacionamentos com as mulheres negras personagens de Azevedo. Mesmo quando Davenga é tido como um homem violento, como na cena em que manda matar a ex-namorada, seu relacionamento com Ana é valorizado, pois ela, mesmo sabendo que ele era um bandido, se doa ao companheiro, ao contrário da outra, que o tinha apenas como homem-objeto e o discriminava. Quanto à maternidade, embora a criança não nasça, Ana fica grávida e, ao contrário de Bertoleza, perde o filho porque foi assassinada pela polícia e não porque abortou.

Avaliação

A avaliação pode se dar por meio de exercícios envolvendo os textos aqui analisados; ou uma produção de texto comparativa entre as personagens femininas, por exemplo.

Veja também

O cortiço. Direção: Francisco Ramalho Jr. Origem/ano de produção: Brasil/1977. Duração: 110 min. Classificação: 16 anos

Música

"O teu cabelo não nega", de Lamartine Babo, letra e música disponíveis em: <http://letras.terra.com.br/lamartine-babo/366356/>.
A canção é um bom exemplo de como a mulata era e é estereotipada na música popular brasileira.

SEQUÊNCIA DIDÁTICA 8

EMPAREDADO: A DUALIDADE DO SER NEGRO E A EXPRESSÃO DA TRAGÉDIA NA LITERATURA DE CRUZ E SOUSA

1. Objetivo

Reconhecer Cruz e Sousa como um escritor afro-brasileiro e compreender os ecos da condição do intelectual negro do século XIX na contemporaneidade.

2. Conteúdo

- Simbolismo no Brasil
- Cruz e Sousa
- Conceito de herói trágico

3. Material necessário

Textos de Cruz e Sousa: "O assinalado", "Sonhador", "Litania dos pobres" e "Emparedado", disponível em: <http://www.letras.ufmg.br/literafro>.

Prometeu acorrentado, de Ésquilo.
Disponível em: <http://www.ebooksbrasil.org/eLibris/prometeu.html> ou <http://www.infoescola.com/mitologia-grega/prometeu>.
Canção "Camisa de força", de MV Bill.

Sugestões de leitura para o professor
"Cruz e Sousa: a figura do intelectual emparedado pela sociedade", de Maria do Rosário Alves Pereira, encontrado em: <http://www.letras.ufmg.br/literafro>.
"Cruz e Sousa, inquietude e presença", de Gil Francisco, disponível em: <http://www.letras.ufmg.br/literafro>.
CESCO, Andréa. "Cruz e Sousa: emparedado em seu poema" Revista Literatura em Debate. v. 5, n. 9, ano 2011. Disponível em: <http://revistas.fw.uri.br/index.php/literaturaemdebate/article/view/604>
DUBOIS, W. E. B. Trad. GOMES, Heloisa Toller. *As almas da gente negra*. Rio de Janeiro: Lacerda, 1999.

4. Tempo estimado: três aulas.

PREPARAÇÃO

Leia sobre os heróis trágicos e elabore um breve resumo para os alunos ou peça a eles que façam uma pesquisa básica sobre as características desses heróis.

Leia sobre o conceito de dupla consciência de Dubois para fomentar a discussão que norteará a leitura de "Emparedado".

Faça a seleção dos trechos de "Emparedado", de Cruz e Sousa, que serão lidos durante a aula.

INTRODUÇÃO

Cruz e Souza foi, sem dúvida, o grande poeta simbolista brasileiro. Negro, filho de escravizados, o poeta impressiona a crítica com sua erudição. O ensino da Literatura na escola, portanto, passa obrigatoriamente pelo Cisne Negro, perífrase justa, quando se pensa na maneira com que o autor desliza pelos temas raciais, apropriando-se de imagens — serpentes, vultos, véus — e de sons para retratar sua alma negra emparedada em uma sociedade escravocrata e racista. O professor pode, dessa forma, apropriar-se dessas imagens-símbolo para delinear, a partir dos textos, quem foi esse poeta negro que via na Literatura um grito de alívio para seu conturbado e exclusivo jeito de se contrapor ao positivismo.

Sendo assim, uma explicação acerca do contexto histórico das teorias que permearam o século XIX — como o positivismo e determinismo — sustentando o conceito de raça, gerando o racismo, por conseguinte, faz-se crucial. Além disso, uma breve explanação, sem biografismos, evidentemente, sobre a vida do poeta faz-se muito adequada, uma vez que certas particularidades, como a educação exemplar, a carreira de jornalista e a trágica morte podem elucidar a compreensão e o interesse dos textos por parte dos alunos.

DESENVOLVIMENTO

1ª AULA

Introduza o conceito de Simbolismo a partir do conteúdo apresentado no livro didático adotado pela escola. Reforce a ideia de que os autores simbolistas estavam em busca de uma nova poesia, antiparnasiana. Relembre com os alunos o contexto histórico realista e naturalista em que o Parnasianismo se manifestou. Reveja com a turma quais eram as principais correntes filosóficas e científicas que contribuíram para a criação do Simbolismo, seja para uma contraposição, no caso do positivismo, seja para fornecer subsídios, no caso da descoberta do inconsciente — a psicanálise. É importante destacar que, nitidamente antipositivistas, os poetas simbolistas irão investir na imagística de símbolo, valorizando a intuição, as imagens vagas, os sons, as artes plásticas e a religiosidade como manifestação do subconsciente.

Depois de trabalhar as características de cada autor do Simbolismo, detenha-se sobre Cruz e Sousa. Por meio de sua biografia, explique aos estudantes suas particularidades para a época. Leve-os a refletir sobre o fato de ser um negro livre e culto em uma sociedade escravocrata que ainda acreditava na existência de diferenças biológicas que subjugavam negros em detrimento de brancos. Confronte a imagem do poeta com as teorias racialistas e deterministas do século XIX, que colocavam o negro em uma condição intelectual inferior ao branco.

Leia com os alunos o poema "Sonhador". Contextualize a obra, *Broquéis*, a que pertence o soneto, como o primeiro livro publicado do poeta e procure identificar os traços da poesia simbolista presentes no texto. Explore a linguagem simbolista, identifique as possíveis especificidades do autor: o pessimismo, a descrença no ideal condoreiro e o trágico na composição do herói.

Feita essa primeira análise, peça à classe que leia o poema "Da senzala" e que marque no texto quais traços de linguagem pertenceriam às particularidades estéticas do poeta. Peça aos alunos que contextualizem historicamente o poema e o relacionem com os possíveis textos contemporâneos. Chame a atenção deles para o trato com a linguagem, além da temática, para evidenciar o ponto de vista do eu lírico negro presente no texto. A expressão que inicia o soneto é um bom exemplo para ser discutido na hora da correção da atividade. *De dentro da senzala* evidenciará o olhar interno do autor negro, diferente daquele identificado em Castro Alves, que elabora "O navio negreiro" a partir da águia que, do alto, vê todo o sofrimento africano, como a sequência 3 deste material evidencia. Leve os alunos a perceber a decadência que o desprezo e a humilhação provocam no sujeito. O eu lírico aponta a infelicidade desse sujeito que, coberto de ódio, transforma-se, vende a alma à criminalidade. Conduza os estudantes a pensarem nesse sujeito como um enclausurado, inconformado.

Introduza neste momento, brevemente, as concepções filosóficas que podem ser encontradas nos textos do autor. A refutação à tendência determinista que coloca o meio ou a raça como determinantes do comportamento é evidenciada quando o eu lírico afirma vir de fora da senzala todo o mal existente dentro dela. Mal que dilacerou o sujeito a ponto de destruir a alegria antes encontrada e agora transformada. O conceito de dupla-consciência pode ser utilizado aqui para evidenciar o eu lírico negro encontrado no texto que reconhece a integridade do sujeito e sabe que ela não será reconhecida. Caberá aqui uma reflexão sobre os dias atuais e o sistema carcerário no Brasil, por exemplo.

2ª AULA

Comece a aula com a leitura de "Emparedado". Deixe que os alunos comentem suas impressões. Junto deles, procure caracterizar o sujeito presente no texto, suas angústias e dificuldades. Explore o termo *emparedado* e leve os estudantes a localizar quais as circunstâncias que levam o autor a dar esse título ao texto. Retome a concepção de dupla consciência e a relacione com esse sujeito. Contextualize a discussão a partir dos mesmos aspectos históricos debatidos na aula anterior e estabeleça as diferenças estéticas existentes entre os textos lidos, procurando enxergar também os pontos comuns entre eles.

O texto coloca o eu lírico enclausurado na sua cor e profundamente incomodado com o racismo existente após a abolição dos escravos e evidencia também o conflito do poeta com seus contemporâneos, artistas e críticos de arte, que não viam em sua escrita o devido valor. Explore o vocabulário para esclarecer os sentimentos do poeta, como a recorrência das palavras "sombra" e "sangue" ligadas à luta, à dor e ao sofrimento; as palavras que pertencem ao campo semântico da "clausura" — como asfixia — e a ideia de artista e de criação artística ligadas à solidão e ao isolamento.

É importante que os alunos percebam a tomada de consciência do eu lírico e sua trajetória.

Retome o gênero tragédia, já visto pelos alunos ao estudar, provavelmente, o gênero épico e narrativo ou o Classicismo na Idade Antiga. Introduza o conceito de herói trágico preparado anteriormente. Os discentes deverão perceber em que medida seria possível reconhecer esse herói nos textos de Cruz e Souza. Construa a imagem do artista emparedado presente no texto de Cruz e Sousa junto aos discentes. Indique as marcas textuais que denunciam a constatação do racismo como o acontecimento trágico que leva o artista ao sacrifício e à clausura.

Explicar a citação a seguir para finalizar aula:

> Deus meu! Por uma questão banal da química biológica do pigmento ficam alguns mais rebeldes e curiosos fósseis preocupados, a ruminar primitivas erudições, perdidos e atropelados pelas longas galerias submarinas de uma sabedoria infinita, esmagadora, irrevogável!
>
> Mas, que importa tudo isso?! Qual é a cor da minha forma, do meu sentir? Qual é a cor da tempestade de dilacerações que me abala? Qual a dos meus sonhos e gritos? Qual a dos meus desejos e febre?

> Ah! esta minúscula humanidade, torcida, enroscada, assaltando as almas com a ferocidade de animais bravios, de garras aguçadas e dentes rijos de carnívoro, é que não pode compreender-me.
>
> Sim! Tu é que não podes entender-me, não podes irradiar, convulsionar-te nestes efeitos com os arcaísmos duros da tua compreensão, com a carcaça paleontológica do Bom Senso.
>
> Tu é que não podes ver-me, atentar-me, sentir-me, dos limites da tua toca de primitivo, armada do bordão simbólico das convicções pré-históricas, patinhando a lama das teorias, a lama das conveniências equilibrantes, a lama sinistra, estagnada, das tuas insaciáveis luxúrias.
>
> Tu não podes sensibilizar-te diante destes extasiantes estados d'alma, diante destes deslumbramentos estesíacos, sagrados, diante das eucarísticas espiritualizações que me arrebatam.
>
> O que tu podes, só, é agarrar com frenesi ou com ódio a minha Obra dolorosa e solitária e lê-la e detestá-la e revirar-lhe as folhas, truncar-lhe as páginas, enodoar-lhe a castidade branca dos períodos, profanar-lhe o tabernáculo da linguagem, riscar, traçar, assinalar, cortar com dísticos estigmatizantes, com labéus obscenos, com golpes fundos de blasfêmia as violências da intensidade, dilacerar, enfim, toda a Obra, num ímpeto covarde de impotência ou de angústia.
>
> Cruz e Sousa, "Emparedado"

3ª AULA

Leia com a classe o mito de Prometeu e explique a releitura que Ésquilo faz do mito, chamando-o de *Prometeu acorrentado*. Leve os alunos a relacionarem os textos. Utilize a simbologia do acorrentado para relacioná-la ao Emparedado. É importante que os discentes reflitam sobre que erro essas personagens cometeram para serem duramente punidas. Procure levá-los a fazer uma leitura mais profunda do fogo de Prometeu associada ao conhecimento que era só dos deuses. Prometeu descobriu o segredo do Olimpo e quis levá-lo aos seus, esse foi seu grande erro e por isso ficou acorrentado ao sofrimento.

Peça aos alunos que se dividam em duplas ou trios e distribua o poema "O assinalado" e a música "Camisa de força". Os estudantes deverão comparar o material lido, procurando refletir sobre todo o conteúdo visto nas duas aulas. É importante que percebam o diálogo entre os textos, mesmo escritos em épocas diferentes. Na correção, procure fazê-los refletir sobre a metáfora da loucura e sua relação com o herói trágico. Outros temas também podem ser discutidos a partir desses, como concepção de favela, racismo, mídia, silenciamento.

Sugestão: Monte um pequeno glossário com as palavras do texto "Emparedado" para facilitar a leitura dos alunos; ou recomende que eles mesmos o façam para que a compreensão do texto se dê de forma mais completa.

Avaliação

A avaliação pode ser feita:

- A partir dos trabalhos em grupo.
- Promoção de um debate sobre a temática.
- Elaboração de um texto crítico e comparativo entre pelo menos dois dos textos estudados.

Veja também

Cruz e Sousa — O poeta do desterro. Direção: Sylvio Bach. Ano: 2000. Duração: 86 min.

TEXTOS

O assinalado

Cruz e Sousa

Tu és o louco da imortal loucura,
O louco da loucura mais suprema.
A Terra é sempre a tua negra algema,
Prende-te nela a extrema Desventura.

Mas essa mesma algema de amargura,
Mas essa mesma Desventura extrema
Faz que tu'alma suplicando gema
E rebente em estrelas de ternura.

Tu és o Poeta, o grande Assinalado
Que povoas o mundo despovoado,
De belezas eternas, pouco a pouco...

Na Natureza prodigiosa e rica
Toda a audácia dos nervos justifica
Os teus espasmos imortais de louco!

Sonhador

Cruz e Sousa

Por sóis, por belos sóis alvissareiros,
Nos troféus do teu Sonho irás cantando
As púrpuras romanas arrastando,
Engrinaldado de imortais loureiros.

Nobre guerreiro audaz entre os guerreiros,
Das Ideias as lanças sopesando,
Verás, a pouco e pouco, desfilando
Todos os teus desejos condoreiros...

Imaculado, sobre o lodo imundo,
Há de subir, com as vivas castidades,
Das tuas glórias o clarão profundo.

Há de subir, além de eternidades,
Diante do torvo crocitar do mundo,
Para o branco Sacrário das Saudades!

Da senzala
Cruz e Sousa

De dentro da senzala escura e lamacenta
Aonde o infeliz
De lágrimas em fel, de ódio se alimenta

Tornando meretriz
A alma que ele tinha, ovante, imaculada
Alegre e sem rancor,
Porém que foi aos poucos sendo transformada

Aos vivos do estertor...
De dentro da senzala
Aonde o crime é rei, e a dor — crânios abala

Em ímpeto ferino;
Não pode sair, não,
Um homem de trabalho, um senso, uma razão...
e sim um assassino!

SEQUÊNCIA DIDÁTICA 9

LIMA BARRETO: LITERATURA CRÍTICA E DENÚNCIA DO RACISMO

1. Objetivo

Apresentar e discutir a literatura de Lima Barreto sob o ponto de vista afro-brasileiro.

2. Conteúdo

- Prosa pré-modernista de Lima Barreto: conto ou romance *Clara dos Anjos* e a crônica "Macaquitos".

3. Material necessário

"Clara dos Anjos", conto de Lima Barreto, disponível em: <http://contosdocovil.wordpress.com/2008/06/09/clara-dos-anjos/> (conto).
Notícias sobre casos de racismo contra jogadores de futebol, encontradas facilmente no Google, exemplos: <http://globoesporte.globo.com/futebol/times/vasco/noticia/2012/03/dede-desabafa-sobre-racismo-nao-e-facil-ser-chamado-de-macaco.html>; <http://esporte.ig.com.br/futebol/2010/04/16/racismo+no+futebol+volta+a+tona+mas+discriminacao+segue+impune+9460251.html>.
"Macaquitos", crônica de Lima Barreto, disponível em: <www.letras.ufmg.br/literafro>.

Sugestões para a pesquisa do professor

"Lima Barreto e a literatura afro-brasileira: o preconceito social e étnico nas malhas da ficção", de Elisângela Lopes e Riverson Silva. Disponível em: <www.letras.ufmg.br/literafro>.
"Pobre, mulata e mulher: a estigmatização de Clara dos Anjos", de Marcos Hidemi de Lima. Disponível em: <www.letras.ufmg.br/literafro>.

4. Tempo estimado: duas aulas.

PREPARAÇÃO

Pesquise sobre a vida e a obra de Lima Barreto e sobre o contexto histórico pré-modernista no qual sua obra está situada. Observe que o escritor é sempre lembrado nos livros didáticos pelo romance *Triste fim de Policarpo Quaresma* e pouco citado como um escritor engajado nas questões sociais e étnicas. Os artigos indicados no item 3 desta sequência podem orientar a respeito de possíveis leituras sobre os textos. O verbete de Adélcio Cruz presente no volume Literatura Afro-brasileira: 100 autores do século XVIII ao XXI desta publicação apresenta o escritor afro-brasileiro, sua obra e sua vida. Os artigos indicados presentes no site **literafro** chamam a atenção para a consciência crítica do escritor e podem ajudar o professor na apresentação do "outro" lado de Lima Barreto. O artigo de Marcos H. de Lima analisa atentamente o romance *Clara dos Anjos* e levanta os principais aspectos a serem trabalhados nesta aula.

INTRODUÇÃO

Lima Barreto foi um grande escritor brasileiro, inteligente, crítico e perspicaz na sua escrita. Afrodescendente, foi, infelizmente, vítima de preconceito racial por diversas vezes. Como dito anteriormente, Afonso Henriques de Lima Barreto é conhecido principalmente pelo romance *Triste fim de Policarpo Quaresma* e a maioria dos livros didáticos apresenta apenas uma análise desse importante romance. Entretanto, *Clara dos Anjos* e outros textos do autor, como a crônica "Macaquitos", mostram sua face de intelectual crítico e preocupado com as questões raciais e sociais vigentes no Rio de Janeiro do início do século XX. Este é o desafio do professor proposto nesta Sequência Didática: mostrar aos alunos uma história marcante e fascinante, que denuncia o preconceito racial e social, além de polemizar sobre a situação da mulher na sociedade de classes.

DESENVOLVIMENTO

1ª AULA

Depois de contextualizado o pré-modernismo brasileiro, apresente Lima Barreto para os alunos. Caso o professor opte pela indicação do romance *Clara dos Anjos* como leitura obrigatória, esta sequência deve ser trabalhada após a leitura. Caso opte pela leitura do conto, ele pode ser lido na aula anterior ou pedido como leitura extraclasse. Nesta sequência, optamos por analisar o conto, que em muito se parece com o romance.

Destaque para os alunos a descrição física das personagens. Clara e seus pais são descritos como mestiços e a menina é traçada como o que o brasileiro chama de "morena" e seu nome é, portanto, uma ironia. A descrição da família de Júlio pode ser usada comparativamente com a família da protagonista. O narrador nos apresenta o pai de Clara, Joaquim dos Anjos, como um homem simples, sem muita ambição, que se contenta em ser carteiro e continuar tocando suas modinhas. Já a situação da família de Júlio (ou Cassi Jones, no romance) é descrita como "bem superior a sua namorada", o que já marca a diferença social entre as duas personagens principais. Essa comparação, entretanto, inverte-se quando o narrador, mais à frente, afirma que, quanto à instrução e ao sentimento, Clara era superior a Júlio.

A descrição das irmãs de Júlio também pode ser destacada na leitura com os alunos: "Pequeno-burguesas, sem nenhuma fortuna, mas, devido à situação do pai e a terem frequentado escolas de certa importância, elas não admitiriam, para Clara, senão um destino: o de "Criada de servir". O narrador mostra aqui, mais uma vez, sua face crítica e de denúncia. Embora Clara fosse superior em caráter e sentimentos à família "pequeno-burguesa" de Júlio, para os membros dessa família, ela, a mulata, tinha apenas o lugar de serviçal. Comente com os alunos como esse pensamento racista ainda é tão comum no país. Vale destacar casos reais em que mulheres pobres e negras, como Clara, são discriminadas pela família do (futuro) marido e pela sociedade em geral.

Por fim, destaque para os estudantes a cena final, quando Clara procura pela mãe de Júlio para contar sobre a gravidez e é discriminada e enxotada pela mulher. A humilhação pela qual a protagonista passa, além de marcar o racismo, marca também o machismo. A frase com que o autor carioca fecha o conto também é emblemática e deve ser destacada: "— Mamãe, eu não sou nada nesta vida." A triste conclusão de Clara reafirma a análise feita até aqui.

2ª AULA

Retome com os discentes as características do gênero crônica. Explique a eles que a mistura entre jornalismo e literatura faz da crônica um gênero muito popular no Brasil e a fama de escritores como Rubem Braga, Luis Fernando Verissimo e Arnaldo Jabor são exemplos de como o gênero agrada os leitores brasileiros. Comente que Lima Barreto foi um importante cronista que só recentemente, em 2005, teve seu conjunto de crônicas reunido e publicado. Faça-os perceber algumas características do gênero presente no texto de Barreto, como: texto curto; linguagem clara e simples; um fato contemporâneo como tema, entre outras.

Faça a leitura e análise da crônica "Macaquitos". Lembre aos alunos que o texto foi publicado em 1920 e um dos objetivos da escolha dele para esta aula é mostrar como é atual. Portanto, apesar de a crônica ser um texto geralmente efêmero, o assunto continua a ser tema de debate. Ajude-os a perceber como Lima Barreto, de forma irônica e sagaz, desconstrói a pretensa superioridade de outras nacionalidades, por meio dos animais que as representam, e inverte o sentido racista comum dado à palavra "macaco", proveniente do cientificismo do século XIX.

Após a análise da crônica, divida os alunos em grupo e distribua as diversas notícias sobre racismo no futebol. Peça que eles escrevam uma comparação entre a crônica de Barreto e a notícia lida.

Avaliação

A avaliação pode ser feita por meio de:

- Promoção de um debate sobre a temática do racismo no futebol e/ ou relacionamentos inter-raciais.
- Pesquisa sobre casos de racismo no Brasil.
- Produção de reportagens, cartazes e outros gêneros sobre os assuntos tratados nesta sequência.

Veja também

Clipe do cantor Alexandre Pires, que, em 2012, causou polêmica: <http://br.omg.yahoo.com/noticias/-sinto-me-profundamente-chocado---diz-alexandre-pires-sobre-pol%C3%AAmica-de-clipe.html>.

Conto "Guarde segredo", da escritora negra Esmeralda Ribeiro (apresentada no volume *Literatura Afro-brasileira: 100 autores do século XVIII ao XXI*), que faz uma releitura do romance *Clara dos Anjos*. Disponível em: <http://bayo.sites.uol.com.br/contos_esmeralda_ribeiro.htm>.

BRAYNER, Sonia. "Lima Barreto: mostrar ou significar?". In: *Labirinto do espaço romanesco: tradição e renovação da literatura brasileira*: 1880-1920. Rio de Janeiro: Civilização Brasileira; Brasília: INL, 1979, p. 145-176.

CRUZ, Adélcio de Sousa. *Lima Barreto*: a identidade étnica como dilema. Dissertação (Mestrado) — [manuscrito] — Universidade Federal de Minas Gerais, Faculdade de Letras, 2002.

SEQUÊNCIA DIDÁTICA 10

O NEGRO ESCRITO, NEGRISMO E NEGRITUDE

1. Objetivos

Conhecer a poesia de Oliveira Silveira e Márcio Barbosa e compreender como a paródia, recurso recorrente na literatura Modernista, pode ser um recurso estratégico para a reversão do negrismo em negritude.

2. Conteúdo

- Modernismo no Brasil
- Manuel Bandeira e Jorge de Lima
- Márcio Barbosa e Oliveira Silveira

3. Material necessário

Poemas
"Essa nega Fulô", de Jorge de Lima; "A outra negra Fulô", de Oliveira Silveira; "Irene no céu", Manuel Bandeira; "O que não dizia o poeminha do Manuel", de Márcio Barbosa.

Livro didático da série correspondente — estudo da linguagem modernista
Conceito de paródia, de preferência de Mikhail Bakhtin e Linda Hutcheon.
Conceitos de negrismo e negritude.

Sugestão para a pesquisa do professor
Leitura de artigos, teses ou dissertações sobre paródia e modernidade, sobre a representação de estereótipos na literatura, entre outros.

Sugestão de livros
BAKHTIN, Mikhail. *Questões de literatura e de estética*: a teoria do romance. 5ª ed. São Paulo: Hucitec, Annablume, 2002c.
CANO. José Ricardo. "O riso sério: um estudo sobre a paródia". Disponível em: <http://www.mackenzie.br/fileadmin/Pos_Graduacao/Doutorado/Letras/Cadernos/Volume_4/009.pdf>.

DAMASCENO, B. G. *Poesia negra no Modernismo brasileiro*. Campinas: Pontes, 1988.
HATTNHER. Álvaro. "A poesia negra na literatura afro-brasileira: exercícios de definição e algumas possibilidades de investigação". Disponível em: <http://www.uel.br/pos/letras/terraroxa/g_pdf/vol17A/TRvol17Ag.pdf>.
HUTCHEON, Linda. *Uma teoria da paródia*. Lisboa: Edições 70, 1989.
SCHWARTZ, Jorge. "Negrismo e negritude". In: *Vanguardas latino-americanas*: polêmicas, manifestos e textos críticos. São Paulo: Iluminuras, Edusp, Fapesp, 1995, p. 579-590.

Links
<http://www.letras.ufmg.br/literafro>
<http://www.quilombhoje.com.br/>

4. Tempo estimado: uma aula.

PREPARAÇÃO

Pesquise sobre negrismo e negritude na cultura e literatura brasileiras. Observe a diferença entre os conceitos para relacioná-los aos poemas selecionados. O professor perceberá que negrismo está associado à representação do negro no âmbito do exótico ou primitivo, firmada em pressupostos muitas vezes estereotipados que reforçam o pensamento eurocêntrico e criam uma ideia artificial de valorização étnica. Por outro lado, a ideia de negritude surge como uma resposta ao negrismo objetivando a construção de uma identidade negra ligada a uma ação do movimento negro organizado. Ideologicamente, pode ser entendido como processo de aquisição de uma consciência racial e culturalmente como uma tendência de valorização das manifestações culturais de matrizes africanas e afro-brasileiras.

Leia sobre o conceito de paródia para elaborar uma abordagem instigante para os alunos. O artigo de José Ricardo Cano traz uma abordagem bem ampla e útil sobre o tema.

Selecione os quatro poemas a serem trabalhados com os alunos para relacioná-los aos conceitos estudados, ao Modernismo brasileiro e às questões étnicas a que se referem.

Leia o artigo "Literatura e afrodescendência", de Eduardo de Assis, encontrado no site <http://www.letras.ufmg.br/literafro>, para elucidar o conceito da linguagem que intenta um reversão de valores na literatura afro-brasileira.

INTRODUÇÃO

Esta é uma boa oportunidade para se trabalhar a literatura negra contemporânea com os alunos, uma vez que esse conteúdo aparece muito pouco nos livros didáticos. A paródia, entendida como uma repetição que inclui diferença, uma imitação com distância crítica, que ao mesmo tempo elogia e critica (Hutcheon, 1989, p. 54), é um caminho confortável para se explicar o diálogo entre textos que podem ser considerados clássicos brasileiros na literatura contemporânea e aqueles que denominamos afro-brasileiros. Esse conceito será um suporte para o professor levar os alunos a refletirem sobre a necessidade das releituras e reapropriações textuais. Vale pensar na estratégia dos autores que se apropriam de uma das principais características da poesia modernista, a paródia, para dialogar com o negrismo construído nas imagens da safada negra Fulô e da ingênua Irene, para revertê-lo em negritude, evidenciando a presença de negras espertas e inteligentes.

DESENVOLVIMENTO

Depois de trabalhar o Modernismo brasileiro, contexto e características, a partir do próprio livro didático adotado na escola, retome os principais aspectos da linguagem modernista: humor, síntese e paródia, para relacioná-los à estética literária afro-brasileira que será discutida. Trabalhe com os alunos os aspectos históricos que levaram os autores dessa estética a se voltar para a diversidade nacional. O professor poderá se remeter a vários textos de conhecimento dos alunos, como *Macunaíma*, relembrando o episódio da fonte, para elucidar a relação do empenho modernista em tratar da formação da cultura nacional.

Leia com a classe o poema de Jorge de Lima "Essa negra Fulô" e problematize sobre a construção dessa personagem. Deixe que os alunos digam suas impressões. Explore o vocabulário do poema a começar pelo vocativo "Oh Fulô", associado à fala da Sinhá. É interessante listar as tarefas da personagem e levantar hipóteses sobre a avaliação do eu lírico em relação ao tratamento da negra. Defina com a classe a postura e a fala de cada personagem:

Sinhá: mandona, voluntariosa, vaidosa; é a única que possui voz dentro do poema.

Sinhô: aparece principalmente no discurso da sinhá; deseja a negra e, ao vê-la apanhar, é seduzido por Fulô.

Fulô: mucama, cheia de tarefas, ladra (do perfume, do terço de ouro e do sinhô), sedutora irresistível.

Na sequência, leia o poema de Oliveira Silveira, "A outra negra Fulô". Novamente, deixe que os alunos se posicionem a respeito. Direcione a leitura para que percebam a importância do pronome "outra" já no título do poema. Interessante trazer à cena o questionamento do eu lírico sobre a possibilidade de ser a mesma personagem. Faça a caracterização das personagens indicando a reversão dos valores. A postura de Fulô diante do Sinhô, entendida como o enfrentamento ao abuso sofrido pelas mulatas ao longo da História e da Literatura brasileiras; a Sinhá, burra e besta; o Sinhô morto e a presença de outras personagens como o pai João, que se orgulha de Fulô e afirma ser essa a nossa "negra Fulô" — reitere a importância do pronome possessivo para a construção de sentido do texto — e da mãe-preta, cúmplice na fuga de Fulô. Mostre aos alunos a intencionalidade autoral na construção da linguagem que busca a reversão de valores apregoados.

Estabeleça as diferenças discursivas entre os dois textos para evidenciar o ponto de vista de cada um. Retome os conceitos de paródia, negrismo e negritude para dar profundidade às reflexões. Explique aos alunos o que seria cada um desses conceitos e se atenha aos dois últimos. Construa com os discentes a relação entre negrismo e Jorge de Lima, e negritude e Oliveira Silveira. Para tanto, é fundamental recorrer à presença de Lima no texto de Silveira, descrito como "bom Jorge de Lima, seminegro e cristão".

Distribua os poemas "Irene no céu", de Manuel Bandeira, e "O que não dizia o poeminha do Manuel", de Márcio Barbosa. Deixe que façam a análise comparativa dos poemas em dupla.

Na correção: os alunos deverão fazer a mesma distinção entre negrismo e negritude. Incentive-os a explorar a linguagem: o que o poema "Irene" de Bandeira quer retratar? Os discentes deverão perceber a ideia de subalternidade e subserviência (presente na concepção das mães-pretas de Joaquim Nabuco, por exemplo) na caracterização da personagem. Em relação ao poema de Barbosa, a classe deverá perceber a desconstrução de vários estereótipos: Irene subserviente = Irene atrevida; São Pedro bondoso = São Pedro racista; e o questionamento sobre a existência do céu. É fundamental ressaltar o trocadilho do termo "dá bandeira" com o nome do autor de "Irene no céu", numa clara intenção de trazê-lo à cena, bem como Silveira com Lima.

Finalize a aula retomando o conceito de paródia para que fique claro aos estudantes a intenção dos autores ao se aproximarem de textos que estão distantes do ponto de vista crítico de seu posicionamento. Os discentes deverão perceber que há um desejo de dialogar com o negrismo modernista explicitado pela presença dos nomes dos autores modernos em ambos os poemas. Pode-se ler esse recurso como um desejo de "acerto de contas" por uma representação tão estereotipada daqueles que acreditavam defender a genuína cultura brasileira.

Vale ainda relembrar diversas representações de personagens negras da literatura que dialogam mais com o negrismo e incentivar os estudantes a pensar em formas de reverter positivamente esses valores.

Avaliação

A avaliação pode ser feita por meio de:

- Elaboração de um texto que evidencie os conhecimentos adquiridos na aula. Sugestão: um rap, um poema ou uma resenha.
- Promoção de um debate sobre a temática.

Veja também

Músicas

"O teu cabelo não nega", de Lamartine Babo, letra disponível em: <http://letras.terra.com.br/lamartine-babo/366356/>.
"Anésia", de Maurício Tizumba, letra disponível em: <http://letras.mus.br/mauricio-tizumba/557613/>.

SEQUÊNCIA DIDÁTICA 11

O TEMA DO MENOR ABANDONADO NA LITERATURA

1. Objetivo

Discutir com os educandos a construção imagética do menor abandonado em *Capitães da areia*, de Jorge Amado, autor que representa a geração de 1930 do Modernismo brasileiro; e *Pivete*, de Júlio Emílio Brás, escritor de literatura infantil e infantojuvenil que, com suas inúmeras publicações, representa a literatura afro-brasileira.

2. Conteúdo

- Modernismo brasileiro: geração de 1930.
- Literatura afro-brasileira contemporânea.

3. Material necessário

Leitura

Capitães da areia, de Jorge Amado.
Pivete, de Júlio Emílio Braz.

Multimídia

Capitães da areia, adaptação do romance homônimo de Jorge Amado. Diretora: Cecília Amado. Origem/ano de produção: Brasil/2009. Duração: 123 min. Classificação: 16 anos.

Sugestões para a pesquisa do professor

VALOIS, Michelle. "Entre o visível e o lisível em Capitães da areia: o dialogismo vislumbrado na materialidade do texto". Revista ao pé da letra, vol. 5.1, jan.-julh. 2003. Disponível em: <https://periodicos.ufpe.br/revistas/pedaletra/article/viewFile/231555/25664>.
DUARTE, Eduardo de Assis. "Capitães da areia: da vida lúmpen à vida proletária". In:______ *Jorge Amado*: romance em tempo de utopia. Rio de Janeiro: Record; Natal/RN: UFRN, 1996, p. 113-120.

LOPES, Elisângela Aparecida. "Júlio Emílio Braz". In: DUARTE, Eduardo de Assis (Org.). *Literatura e afrodescendência no Brasil*: antologia crítica. Belo

Horizonte: Editora UFMG, 2001. [Vol. 3, Contemporaneidade], p. 319-331.
BERGAMO, Edvaldo. *Ficção e convicção*: Jorge Amado e o neorrealismo literário português. São Paulo: Editora Unesp, 2008, p. 124-137.
GOMES, Álvaro Cardoso. *Capitães da areia*. São Paulo: Ática, 1994. Coleção Roteiros de leitura.
ROSSI, Luiz Gustavo Freitas. *As cores da revolução*: a literatura de Jorge Amado nos anos 30. São Paulo: Annablume; Fapesp; Unicamp, 2009, p. 87-117.

4. Tempo estimado: três aulas.

PREPARAÇÃO

O professor deverá ler o romance *Capitães da Areia* e fazer um fichamento da narrativa a fim de facilitar a abordagem na sala de aula. Atente-se para os procedimentos literários responsáveis pela verossimilhança da obra, na seção intitulada "Cartas à Redação", sobre tais procedimentos, o texto sugerido de Valois pode se tornar útil. Destacam-se, segundo ela, duas distintas visões de mundo a respeito dos meninos que compõem o bando: uma explicitada pelas vozes representantes das instâncias do poder e da elite, a exemplo do comendador, que se refere a eles como vândalos, marginais; e outra, adotada por pessoas mais humildes, inseridas no contexto social da pobreza ou da solidariedade, a exemplo do padre, que se refere aos menores como crianças cuja revolta se explica pelo abandono e pela reclusão nos reformatórios.

Posteriormente, leia a novela *Pivete*, e, se desejar, marque as passagens ou os trechos que julgar mais importantes.

INTRODUÇÃO

Relembre com os educandos as características da prosa de 1930, na qual se destaca o romance social. Pergunte a eles sobre os desdobramentos dessa vertente nas duas obras.

DESENVOLVIMENTO

1ª AULA

Pergunte aos educandos as impressões que tiveram da leitura de *Capitães da areia*. Uma possibilidade é iniciar a exposição pela abordagem dos elementos da narrativa:

1. Narrador: de 3ª pessoa, ou narrador onisciente; observa-se ainda a presença de um autor implícito, responsável pela compilação das cartas e dos documentos que abrem o livro.
2. Tempo: a predominância do tempo cronológico auxilia o leitor na construção do percurso das personagens.
3. Espaço: torna-se importante mencionar a dialética existente na construção do espaço da narrativa, conforme ressalta Bérgamo (1998): a cidade alta, espaço da opressão e das injustiças, e a cidade baixa, local marcado pela familiaridade e pela solidariedade.
4. Personagens: destaque a composição do bando de Pedro Bala, ressaltando que o elemento responsável pela identificação entre os garotos é a condição social marcada pelo abandono e pela miséria, no entanto, há entre eles uma distinção quanto ao modo de lidar com o contexto no qual estão inseridos, conforme ressalta Michelle Valois (2003):

> O que os distingue e termina por separá-los é a maneira de lidar com a miséria, a hostilidade do mundo e a liberdade: Gato se refugia no amor das prostitutas; Volta Seca descansa o semblante sombrio e duro em sonhos bárbaros com as proezas de Lampião; Sem-Pernas verte seu ódio em zombarias e pequenas crueldades; Pirulito empalidece em terços e rezas; Professor consome os olhos nos livros roubados, sob a chama fraca de um toco de vela; Pedro Bala organiza os furtos, resolve as contendas, faz valer as leis do bando e indaga o porquê da miséria.

Em Gato, Volta Seca e Pirulito adivinhavam-se o rufião, o cangaceiro, o sacerdote. A revolta sufocante de Sem-Pernas não tem onde se dissolver (como a de Pirulito) ou sustentar (como a de Volta Seca) e ele acaba escolhendo morrer.

5. Enredo: o percurso, marcado por percalços, da vida dos meninos do trapiche. O texto de Duarte, sugerido anteriormente, pode ser útil para que se construa uma visão mais geral — e social — da obra em questão.

Depois desse introito, conduzir a discussão sobre os principais fatos do enredo e os temas que daquele se desdobram: o abandono, a ausência da figura materna, o amadurecimento precoce, as artimanhas para driblar a miséria, a permanência da infância, o que se manifesta, sobretudo, na cena do carrossel. Outra possibilidade é mostrar essa cena do filme, por ser bastante poética.

Pedir aos educandos que leiam a novela *Pivete*, de Júlio Emílio Brás, para a próxima aula.

2ª AULA

Questione os alunos sobre as impressões da leitura de *Pivete*, de Júlio Emilio Brás. Quanto aos elementos da narrativa, observe:

1. Narrador: 1ª pessoa ou onipresente, o próprio pivete ou Lalo.
2. Tempo: a narrativa se inicia com a cena da captura de Pivete pelos policiais. Já nos capítulos seguintes há uma narrativa em *flashback* que permite ao leitor conhecer a história de vida do protagonista, havendo então a predominância do tempo cronológico. No último capítulo, o leitor retorna ao camburão e às conclusões do protagonista. Ressalte que é como se toda a lembrança da vida por parte de Lalo se desse durante o percurso realizado pelo carro da polícia, o que configura uma narrativa cíclica.
3. Espaço: o camburão da polícia, a cidade do Rio de Janeiro, na qual se destaca a região central e a favela Cavalo de Aço.

4. Personagens: Lalo, o menor abandonado; Fiapo, o menino que cuidou do protagonista durante a infância; Pedro do Cavalo de Aço, ex-menino de rua que se tornou traficante e dono do morro; Gargalhada, o traidor de Pedro que, após a morte deste assume a favela; Edileusa ou Gabriela, a esposa de Pedro e amante de Gargalhada.
5. Enredo: determinado pela psicologia do protagonista.

É possível ainda, a fim de tornar a aula mais dinâmica, pedir aos alunos que construam a imagem da personagem principal.

Leia com os alunos o "Desafio" que abre a narrativa. Destaque a passagem: "uma história que alguém precisa/começar a querer ouvir", o que justifica a construção de um narrador de 1ª pessoa, ou seja, um ponto de vista interno sobre a vida de um menor abandonado, e ainda proporciona certa verossimilhança à história.

Comente o sentimento de opressão e solidão que vivencia o protagonista no momento em que é levado ao carro da polícia que metaforiza a morte, devido à incerteza quanto ao seu destino naquele momento: a delegacia ou uma vala qualquer.

Discuta o ciclo que envolve a vida nas ruas: Lalo foi cuidado por um garoto, Fiapo, depois por Andu, que era rejeitado por Jandira, a quem tinha como mãe. Depois, o protagonista foi "adotado" por Pedro, que havia sido menino de rua também. Quando retorna às ruas, Lalo passa a exercer o papel de líder, referência para outras crianças, e se emociona por não ter conseguido salvar a vida de um recém-nascido que havia encontrado na lixeira. Assim, tanto o tema quanto a estrutura da narrativa levam à ideia de um ciclo vicioso e persistente.

De maneira similar ao que ocorre em *Capitães da areia*, o bando se forma por identificações e diferenças: Lalo vê os outros como vê a si mesmo, no entanto, se diferencia deles pela idade, pelas atitudes que fazem dele um líder. Em ambas as narrativas, no bando é projetada a imagem da família: "A família tinha o mesmo significado de bando para nós" (1991, p. 12).

Chame a atenção para o fato de não haver, na visão de Lalo, saída para a sua condição. O lugar em que chegou — o camburão — é consequência de uma série de erros, que se iniciam com o abandono dos pais, a morte dos amigos, a ausência de perspectivas. Assim, o ponto de vista desse menino de 16 anos é construído pelo acesso ao seu fluxo de consciência em um breve trajeto dentro do carro de polícia.

Torna-se importante ressaltar os diálogos entre a narrativa propriamente dita e os poemas que compõem o livro.

Avaliação

A avaliação pode se dar:

- Por meio de debate sobre o tema do menor abandonado, levando em consideração os livros.
- Por meio de questões discursivas nas quais se peça, por exemplo, para que os alunos analisem as semelhanças e diferenças entre as duas narrativas.
- Pela solicitação de uma resenha do filme, ou pela relação entre uma cena do filme e do livro.
- Outra possibilidade é sugerir a montagem de uma exposição fotográfica cujo tema seria "Os capitães da areia do século XXI". A ideia consiste em que os alunos fotografem meninos de rua e os espaços por eles ocupados na própria cidade em que residem. Assim, a avaliação poderia se dar em torno da narração dessa experiência por parte dos educandos e pelas próprias fotos por eles tiradas, que podem vir a compor uma exposição na escola.

Veja também

Ônibus, 174. Diretor: José Padilha. Origem/ano de produção: Brasil/2002. Duração: 128 min. Classificação: 14 anos.

Indicar aos alunos, ou assistir com eles — principalmente se foram escolhidas somente cenas do filme *Capitães da areia* para serem exibidas — ao documentário *Ônibus 174*, de José Padilha. Nesse sentido, seria interessante comparar a trajetória de Sandro a dos protagonistas das obras estudadas.

Música

A fim de tornar a aula mais ampla, pode-se solicitar a interpretação da canção "Meu guri", de Chico Buarque em comparação com as duas narrativas.

SEQUÊNCIA DIDÁTICA 12

NARRATIVAS DO EU: MEMÓRIA E IDENTIDADE

1. Objetivo

Apresentar a autora Carolina Maria de Jesus e seu diário *Quarto de despejo*. Analisar o diário como gênero literário e propiciar a comparação entre o diário de Carolina de Jesus e o de Anne Frank.

2. Conteúdo

Literatura afro-brasileira e alemã da segunda metade do século XX.

3. Material necessário

Trechos do livro *Quarto de despejo*, de Carolina Maria de Jesus. Rio de Janeiro: Ática, 1998.
Trechos do livro *O diário de Anne Frank*, de Anne Frank. Rio de Janeiro: Record, 2003.

Sugestão de leitura para o professor
"Trabalho, pobreza e trabalho intelectual", por Carlos Vogt, disponível em: <www.letras.ufmg.br/literafro>.
"A importância da leitura e da escrita para Carolina Maria de Jesus: uma análise do seu *Quarto de despejo*", de Elisangela Lopes. Disponível em: <www.letras.ufmg.br/literafro>.
"Os relatos de uma vítima do holocausto nazista", de Túlio Vilela. Disponível em: <http://educacao.uol.com.br/historia/anne-frank.jhtm>.
VIANA, Maria José Motta. *Do sótão à vitrine*: memórias de mulheres. Belo Horizonte: Ed. UFMG, 1995.

4. Tempo estimado: duas aulas.

PREPARAÇÃO

Pesquise sobre o gênero diário e suas características. No livro de Maria José Motta Vianna é possível verificar que o diário, conforme já anuncia o título, é um gênero literário caro às mulheres. O artigo de Elisângela Lopes comenta alguns trechos do livro de Vianna e pode ajudar o professor a perceber como o gênero propicia às mulheres escritoras tornarem-se sujeitos da própria escrita, como é o caso das duas autoras, Anne Frank e Carolina de Jesus. Como o foco dessa sequência é o livro da escritora brasileira, o professor poderá ler mais sobre ela no portal **literafro**, no volume Literatura Afro-brasileira: 100 autores do século XVIII ao XXI, e no artigo de Carlos Vogt. O artigo de Lopes faz ainda uma análise sobre *Quarto de despejo* e sobre a importância da leitura e da escrita para Carolina.

O professor deverá optar, antes de executar a sequência, se pretende pedir a leitura dos dois diários como obrigatória; se indica apenas um deles; ou se trabalhará conforme se propõe aqui: apenas com trechos dos dois livros.

INTRODUÇÃO

Provavelmente os alunos conhecem o famoso diário da menina alemã que foi vítima do nazismo durante a Segunda Guerra Mundial. Entretanto, o diário da autora brasileira, embora tenha sido *best-seller* na década de 1960 e traduzido para treze línguas, foi esquecido por muitos, pouco aparece na mídia brasileira e quase não é contemplado no ambiente educacional. Por isso é importante que o professor apresente Carolina Maria de Jesus aos alunos. A escritora mineira negra que viveu muitos anos em São Paulo é um bom exemplo de talento, perspicácia e consciência crítica. Seu *Quarto de despejo*, mesmo escrito há mais de 50 anos, é uma obra atual e contundente.

DESENVOLVIMENTO

1ª AULA

Comece estudando com os alunos sobre o gênero textual diário. Discuta com eles suas características:

- Escrita do cotidiano.
- Demarcação temporal.
- Registro dos fatos ordinários e extraordinários.
- Espaço intimista, no qual há reflexões pessoais, sentimentos, angústias, alegrias.
- Tentativa de apreender no papel o vivido, o que se deseja.

Faça-os observar como o diário ainda é muito comum, mesmo que atualizado em blogs e redes sociais. Apresente exemplos de diários e blogs famosos, inclusive diários de ficção como *O diário de Bridget Jones*, que virou um filme de sucesso, e peça que eles identifiquem as características do gênero.

Mostre aos alunos que o diário também pode ser visto como literatura e apresente as autoras aqui citadas. Comente com os discentes sobre o livro da menina alemã que ganhou repercussão no mundo inteiro e ainda é tema de filmes e sites. Explique aos alunos como Anne encontrou na escrita uma forma de se libertar do cárcere em que viveu por dois anos. Kitty, como era chamado o diário pela menina, foi para a adolescente um amigo nas horas difíceis. Caso o professor considere relevante, pode imprimir cópias para os alunos do artigo de Túlio Vilela, que apresenta bem a saga de Anne.

Em seguida, apresente Carolina Maria de Jesus para os alunos. Conte a história da escritora, brevemente narrada nos textos de apoio, e mostre aos estudantes como a catadora de papel, moradora de favela, tornou-se uma importante escritora após ter publicado seu famoso diário.

2ª AULA

Mostre aos alunos agora as semelhanças e diferenças entre os dois diários por meio dos trechos, como, por exemplo:

Metalinguagem e a fuga da realidade por intermédio da escrita

Carolina:

> Deixei o leito para escrever. Enquanto escrevo vou pensando que resido num castelo cor de ouro que reluz na luz do sol. Que as janelas são de prata e as luzes brilhantes. Que a minha vista circula no jardim, e eu contemplo as flores de todas as qualidades [...] É preciso criar este ambiente de fantasia, para esquecer que estou na favela. (Jesus, apud Perpétua, 2000, p. 52)

Anne Frank:

> O papel tem mais paciência que as pessoas [minha frase]. Pensei nesse ditado num daqueles dias em que me sentia meio deprimida e estava em casa, sentada com o queixo apoiado nas mãos, chateada e inquieta, pensando se ficaria ou sairia. Finalmente fiquei onde estava matutando. É, o papel *tem* mais paciência, e como não estou planejando deixar que ninguém mais leia esse caderno de capa dura que geralmente chamamos de diário, a não ser que algum dia encontre um verdadeiro amigo, isso provavelmente não vai fazer a menor diferença. (p. 15-16)

A consciência feminina de vanguarda

Carolina:

> O senhor Manuel apareceu dizendo que quer casar-se comigo. Mas eu não quero porque já estou na maturidade. E depois, o homem não há de gostar de uma mulher que não pode passar sem ler. E que levanta para escrever. E que deita com lápis e papel debaixo do travesseiro. Por isso é que eu prefiro viver só para o meu ideal. (Jesus, 2000, p. 44)

Anne Frank:

> Com meu diário, quero dizer que pretendo ir mais adiante; não posso me imaginar vivendo como minha mãe ou a sra.

Van Daan e todas aquelas mulheres que cumprem suas obrigações e mais tarde são esquecidas. Eu preciso ter algo mais que um marido e filhos, algo a que possa me devotar totalmente. Quero continuar vivendo depois da minha morte [...]". (20 de junho de 1942)

Consciência crítica em relação ao seu momento histórico

Carolina:

> A vida é igual um livro. Só depois de ter lido é que sabemos o que encerra. E nós quando estamos no fim da vida é que sabemos como a nossa vida decorre. A minha, até aqui, tem sido preta. Preta é a minha pele. Preto é o lugar onde moro. (p. 147)

Anne Frank:

> Não acredito que apenas os homens de projeção, os políticos e os capitalistas sejam culpados pela guerra. Não, o homem comum também é... Há uma urgência nas pessoas em destruir e matar, e até que toda a humanidade, sem exceção, passe por uma grande mudança, as guerras se sucederão. (3 de maio de 1944)

Outros exemplos podem ser retirados e analisados. Os trechos podem ser impressos pelo professor e distribuídos aos alunos ou exibidos em slides.

Para concluir a aula enfatize para os discentes a importância da escrita para as autoras e destaque como Carolina se difere de Anne quanto à classe e à etnia. Reflita com os alunos como o cotidiano da escritora afro-brasileira se reflete em seu diário a partir de um ponto de vista político e crítico. Para exemplificar essa visão de mundo da autora, o professor pode apresentar outros trechos de *Quarto de despejo*. A narração do dia 13 de maio, por exemplo, marca bem esse ponto de vista interno da autora em relação ao negro.

Avaliação

A avaliação pode ser feita por meio de:

- Produção de um diário pelos alunos.
- Questões discursivas que exijam análise e/ou comparação entre os dois diários.
- Resenha dos livros analisados.

Veja também

Carolina Maria de Jesus, série "Heróis de todo mundo". Disponível em: <http://youtube.com/watch?v=sPI9bdgMUnA>.

PERPÉTUA, Elzira Divina. *A vida escrita de Carolina Maria de Jesus*. Belo Horizonte: Nandyala, 2014.

SOUSA, Germana Henriques Pereira de. *Carolina Maria de Jesus: o estranho diário da escritora viralata*. Vinhedo: Editora Horizonte, 2012.

O diário de Anne Frank. Direção: George Stevens. Origem/ano de produção: EUA/1959. Duração: 90 min. Classificação: 14 anos.

Escritores da liberdade. Direção: Richard LaGravenese. Origem/ano de produção: EUA/Alemanha/2007. Duração: 123 min. Classificação: Livre.

PERPÉTUA, Elzira Divina. *Traços de Carolina Maria de Jesus*: gênese, tradução e recepção de *Quarto de despejo*. Belo Horizonte: Faculdade de Letras da UFMG, 2000, 367 p. Tese (Doutorado em Literatura Comparada).

SEQUÊNCIA DIDÁTICA 13

O RACISMO INFANTIL NA LITERATURA BRASILEIRA: NEGRINHAS

1. Objetivo:

Ler e analisar o conto "Negrinha", de Monteiro Lobato a fim de compará-lo à sua releitura, "Negrinha! Negrinha! Negrinha!", de Ana Maria Gonçalves.

2. Conteúdo :

- Literatura pré-modernista
- Literatura contemporânea
- Literatura comparada
- Literatura afro-brasileira

3. Material necessário

Leitura:

Cópia para os alunos do conto "Negrinha", de Monteiro Lobato.
LOBATO, Monteiro. Negrinha. Negrinha. In: *Contos completos*. 1 – ed. – São Paulo: Biblioteca Azul, 2014.
Cópia para os alunos do conto "Negrinha! Negrinha! Negrinha!", de Ana Maria Gonçalves.
GONÇALVES, Ana Maria. "Negrinha! Negrinha! Negrinha!". RUFATTO, Luiz; TERRA, Helena (Org.). *Uns e outros: contos espelhados*. Porto Alegre: Dublinense, 2017. p.115-123

Sugestões para pesquisa do professor

GONÇALVES, Ana Maria. "Lobato: não é sobre você que devemos falar". Disponível em https://www.geledes.org.br/ana-maria-goncalves-lobato-nao-e-sobre-voce-que-devemos-falar/ – acesso em 16/09/2019.
GONÇALVES, Ana Maria. "Carta aberta ao Ziraldo, por Ana Maria Gonçalves". Disponível em https://www.geledes.org.br/carta-aberta-ao-ziraldo-por-ana-maria-goncalves-2/ – acesso em 16/09/2019.

Parecer CNE/CEB 15/2010. Disponível em: https://www.geledes.org.br/conselho-nacional-de-educacao-emite-parecer-sobre-livro-de-monteiro-lobato-em-escola/ acesso em 24/09/2019.
SANTIAGO, Silviano. Paiol literário. *Jornal Rascunho*. Disponível em http://rascunho.com.br/silviano-santiago/ acesso 24/09/2019.

4. Tempo estimado: 4 aulas.

PREPARAÇÃO

O professor deverá fazer a leitura prévia dos contos que serão trabalhados. O texto de Monteiro Lobato é um dos mais conhecidos do autor, foi publicado no livro de título homônimo ao conto. Também é um dos textos escolhidos para a antologia *Os cem melhores contos do século*, organizada por Ítalo Moriconi, em 2000 (editora Objetiva). Provavelmente a polêmica sobre o racismo em Monteiro Lobato aparecerá em sala de aula, devido à amplitude do assunto, afirmado e contestado, desde 2010, quando o Conselho Nacional de Educação sugeriu que o livro *Caçadas de Pedrinho*, caso fosse adotado em sala de aula, abordasse de modo crítico em virtude do conteúdo racista da obra. É pertinente que o assunto vire debate antes das leituras, durante introdução à obra do autor.

Para melhor contemplar a polêmica, o professor pode ler os artigos de Ana Maria Gonçalves, o parecer do Conselho Nacional de Educação, após denúncia, assim como outros textos (como de Silviano Santiago) que apresentam ponto de vista relativizador quanto à temática do preconceito na obra do escritor de Taubaté. Situar os alunos nessa discussão é muito importante para o debate que virá com os contos.

INTRODUÇÃO

Apresente para seus alunos o escritor Monteiro Lobato. Situe-o em seu tempo, já que o escritor tem uma importante biografia, ocupou cargos políticos, foi um empreendedor da edição no país e ficou famoso como autor de *Reinações de Narizinho, Caçadas de Pedrinho,* e com as personagens que integraram *O sítio do Picapau amarelo* , cuja adaptação televisiva atravessou gerações. Caso sua escola trabalhe com a perspectiva histórica dos estilos literários, é interessante situar o autor no período de transição chamado de Pré-Modernismo, estudando seu contexto histórico, do início do século XX.

DESENVOLVIMENTO

1ª AULA – "NEGRINHA", DE MONTEIRO LOBATO

Leitura coletiva do conto em sala de aula (pode ter sido feita previamente, em casa).

Peça aos alunos que identifiquem os elementos da narrativa:

a. Narrador-observador.
b. Enredo.
c. Personagens: protagonista, antagonista, secundários
d. Espaço.
e. Tempo: tempo da enunciação, tempo do enunciado, organização das ações do conto.

Faça com os alunos a caracterização dos elementos da narrativa.

a) Narrador: narrador-onisciente

- descreve as personagens de modo a contrapô-las pelo aspecto físico e também psicológico;
- adentra o pensamento de Negrinha e expõe os verdadeiros sentimentos de D. Inácia;
- insere comentários irônicos a fim de dar indícios quanto ao caráter de D. Inácia;
- em alguns momentos, usa uma linguagem que indica piedade em relação à menina

b) Enredo: síntese das principais ações da narrativa

c) **Personagens**

Negrinha: perfil físico e psicológico

- "pobre órfã", "sete anos", "fusca, mulatinha escura, de cabelos ruços e olhos assustados";
- "de mãe escrava";
- "sempre escondida";
- "magra, atrofiada, com olhos eternamente assustados";
- "gato sem dono";
- "o corpo de Negrinha era tatuado de sinais roxos, cicatrizes,vergões"
- "mísera criança";
- "encolhidinha a um canto, trêmula, olhar esgazeado";
- "dolorosa martirzinha";
- pelo ponto de vista da criada: " – Peste??? Espere aí!! Você vai ver quem é peste. E foi contar o caso à patroa".

D. **Inácia:** perfil físico e psicológico

- "Excelente senhora";
- "Gorda, rica, dona do mundo, amimada pelos padres;"
- "Ótima a D. Inácia";
- "boa senhora";
- "Excelente D. Inácia (...)";
- "virtuosa dama";
- "Santa" Inácia;
- Na visão do padre:"dama de grandes virtudes apostólicas, esteio da religião e da moral".

Duas sobrinhas: perfil físico e psicológico

"pequenotas, lindas meninas louras, ricas, nascidas e criadas em ninho de plumas".

d) **Espaço**

ocupados por Negrinha: senzala; os "cantos escuros"; cozinha;

versus

espaços sociais: sala.

e) Tempo

- Tempo: organização das ações: cronológico;
- Os primeiros anos de vida da menina "pelos cantos escuros da cozinha, sobre farrapos de esteira e panos imundos";
- "a mãe da criminosa abafava a boquinha da filha e corria com ela para os fundos do quintal, torcendo-lhe beliscões desesperados: – Cala a boca, peste do diabo!!";
- Aos 4 anos, órfã, "gato sem dono, levada a pontapés";
- Tempo do enunciado: escravidão – – – abolição (13 maio de 1888).

"O 13 de maio tirou-lhe das mãos [de D. Inácia] o azorrague, mas não lhe tirou da alma a gana, Conservava, pois, negrinha em casa como remédio para os frenesis. Simples derivativo."

A caracterização dos elementos da narrativa servirá para que os alunos pensem a história criada por Lobato a partir de sua construção a fim de refletir sobre a intenção autoral, a ser discutida no atividade avaliativa.

Sugestões para reflexão:

O narrador-observador é imparcial ou ele toma partido na construção da imagem das personagens?

Se ele for entendido como imparcial: problematize as escolhas discursivas dele, por exemplo, pela descrição das personagens.

Se ele for lido como parcial, provoque: que imagem o narrador constrói de D. Inácia? E de Negrinha?

Ele confirma ou refuta a imagem de D. Inácia benevolente?

O narrador se compadece da situação violenta vivida por Negrinha?

Qual elemento textual confirma o protagonismo de Negrinha neste conto?

O desfecho da narrativa – a morte de Negrinha, depois de se perceber como um indivíduo – denuncia a objetificação da menina?

O desfecho da narrativa – a morte de Negrinha, depois de se perceber como um indivíduo – poderia ser lida como uma impossibilidade de negro ter consciência de si, já que isso o levaria à morte?

Para finalizar: o tratamento destinado a Negrinha ainda é condizente com a realidade brasileira atual?

2ª AULA – "NEGRINHA! NEGRINHA! NEGRINHA!", ANA MARIA GONÇALVES

Sugestão 1: iniciar a aula pela retomada do conto de Lobato, por meio da síntese da narrativa e/ou dos questionamentos a respeito da construção do texto, apresentados ao final da aula anterior.

Sugestão 2: iniciar a aula pelo estudo do conto "Negrinha! Negrinha! Negrinha!".

Leitura coletiva do conto em sala de aula (pode ter sido feita previamente, em casa).

Peça aos alunos que façam a identificação dos elementos da narrativa:

a. Narrador-observador.
b. Enredo.
c. Personagens: protagonista, antagonista, secundários.
d. Espaço.
e. Tempo: tempo da enunciação, tempo do enunciado, organização das ações do conto.

Faça com os alunos a caracterização dos elementos da narrativa.

a. narrador-observador: "interrompe" o diálogo entre as personagens, na audiência, a fim de contextualizar os fatos que envolveram o episódio de racismo sofrido por Maria, bem como detalhar pensamentos, sentimentos das partes envolvidas, sobretudo os relacionados a Maria. Ainda, fica responsável por detalhar e contextualizar o *bullying*.
b. Enredo: síntese das principais ações da narrativa.
c. Personagens:
- Protagonista: Maria.
- Antagonista: colegas de escola.
- Secundários: Lúcia (mãe de Maria), Angélica (madrinha de Maria), diretora da escola.
- Cenográficos: Patrícia (professora das meninas), André (pai de Maria), advogada.

d. Espaço: escolar.
e. Tempo: cronológico quanto ao desenrolar da audiência de conciliação, interrompido pelo tempo psicológico – lembranças e contextualização – quanto aos fatos centrais da narrativa.

Chame a atenção dos discentes:

o conto se inicia de modo abrupto, por meio de um diálogo, sem apresentação inicial do contexto ou das personagens. Em virtude dessa escolha narrativa, os leitores vão descobrindo os fatos que envolveram as crianças e que motivaram a audiência, ao longo da leitura. De certa forma, o leitor é também um espectador da audiência de conciliação entre a escola e a família de Maria.

a narrativa apresenta elementos de intertextualidade com o conto de Lobato, por meio de referenciação: a cena do ovo inserido na boca da protagonista como retomada, o uso do termo "negrinha" como forma de xingamento; e de citação: o título como retomada enfática do conto de Lobato, a leitura do conto “Negrinha” como elemento desencadeador da ação preconceituosa contra Maria.

Sugestões para reflexão:
O narrador-observador é imparcial ou ele toma partido de uma das partes envolvidas na audiência de conciliação?

Se ele for entendido como imparcial: questione a intencionalidade discursiva do narrador, como voz capaz de contextualizar os fatos.

Se ele for lido como parcial, provoque: quais elementos textuais indicariam a sua parcialidade?

Maria nem sequer participa do núcleo central da narrativa: a audiência. Mesmo assim ela poderia ser considerada protagonista? Por quê?

Angélica, madrinha de Maria, parece ser a personagem que melhor compreende a situação vivida pela menina. LISTE elementos que comprovem isso.

Como poderíamos avaliar o discurso da diretora da escola quanto ao racismo sofrido por Maria?

O posicionamento dos pais de Maria parecem ser distintos, quanto à tentativa conciliação entre as partes envolvidas. Quais são as soluções apontadas por André? Qual é a decisão final tomada por Lúcia? Qual seria a intenção da autora ao construir essa oposição?

O desfecho da narrativa parece passar um recado quanto à prática do racismo. Qual seria essa mensagem?

Para finalizar: o preconceito racial sofrido por Maria é verossímil, ou seja, poderia acontecer na realidade brasileira atual?

3ª AULA – CONTRAPONTO PONTOS DE VISTA: PREPARAÇÃO PARA O DEBATE

Apresente aos alunos o tema para debate: racismo infantil no ambiente escolar.

Explique para os discentes o que é o gênero debate regrado público. Lembre a eles que esse tipo de discussão é bastante veiculado na TV e na internet, em aplicativos e sites como o Youtube. Além disso, é comum também haver debates regrados nas universidades e escolas. Assim, temas polêmicos são discutidos de forma democrática e organizada.

Escolha um aluno para ser o mediador do debate.

Proponha que os alunos se organizem em dois grupos (de 5 a 10 alunos, cada): um grupo representará a instituição escolar em que a personagem Maria estuda; o outro, o núcleo familiar de Maria. Oriente para que em cada equipe seja escolhido o(s) debatedor(es). Os demais alunos irão compor a plateia, a qual terá direito de participar do debate por meio de perguntas.

Solicite às equipes que construam argumentos a fim de defender o posicionamento da instituição que representam: escola ou família.

Proponha aos integrantes dos grupos que formulem perguntas a serem dirigidas à instituição oponente, como exercício de contra argumentação.

Peça aos alunos que farão parte da plateia que formulem questões a respeito do tema.

Organize com a participação dos alunos a metodologia do debate: tempo total do debate, tempo destinado a cada debatedor, direito de réplica, tréplica; formas de participação da plateia.

4ª AULA – DEBATE REGRADO PÚBLICO A PARTIR DO CONTO "NEGRINHA!NEGRINHA!NEGRINHA!"

Organize a sala; sugestão: cadeiras dos debatedores em meia-lua; mediador no centro; plateia à frente.

Peça ao debatedor que apresente o tema – racismo infantil no ambiente escolar – cujo debate teria sido incitado por um caso recente de preconceito racial. Solicite a ele que o contextualize, brevemente, valendo-se das ações narradas no conto de Ana Maria Gonçalves. Peça então que lance uma pergunta motivadora do tema: racismo infantil na escola, de quem é a culpa?

Questões podem ser levantadas para auxiliar o debate:

- A escola de Maria errou? Em que aspectos?
- Os pais erraram? Quando deveriam ter feito melhor para evitar a situação ou para que a menina lidasse melhor com o bullying racista que sofreu?
- Um texto como o conto de Lobato pode influenciar crianças ou leitores adolescentes e adultos a praticar o racismo? Em que medida? Por quê?
- Os alunos que praticaram as injúrias contra Maria devem ser punidos? Como?
- A escola deve ser punida? em que medida?
- A autora trabalha um tema distante ou próximo da nossa realidade contemporânea?

AVALIAÇÃO

A avaliação pode ser feita por meio de:

- Verificação da aprendizagem através da desenvoltura e dos argumentos explicitados pelos alunos durante o debate regrado público da quarta aula.
- Exercício ou teste dissertativo que avalie a comparação entre os dois contos.
- Criação de um podcast sobre os temas e textos debatidos.

Veja também

Notícia: "Menina sofre racismo em escola e não quer mais ir à aula". http://g1.globo.com/ac/acre/noticia/2015/11/menina-sofre-racismo-em-escola-do-ac-e-nao-quer-mais-ir-aula-diz-tia.html – acesso em 07/10/2019.

"Lembranças da festa junina: uma carta para Ulisses", artigo de Luana Tolentino. Disponível em : https://www.cartacapital.com.br/opiniao/lembrancas-da-festa-junina-uma-carta-para-ulisses/?fbclid=IwAR11RUAF-m0Wu9NteC_LiM3BEW1NZ2QNvRASePmTbcpCDQOomlFz-bjKrxg – acesso em 07/10/2019.

Multimídia: Curta-metragem *Vista minha pele*, de Joel Zito de Oliveira, disponível em: https://www.youtube.com/watch?v=H8i1Ucf3O-4

SEQUÊNCIA DIDÁTICA 14

MACABÉAS DA LITERATURA BRASILEIRA: SILÊNCIO E REPRESENTATIVIDADE

1. Objetivo:

Entender a relação entre literatura e representatividade a partir da leitura e análise de trechos de *A hora da estrela*, de Clarice Lispector, e do conto "Flor de Mulungu", de Conceição Evaristo.

2. Conteúdo :

Literatura modernista de 1945
Literatura contemporânea
Literatura comparada
Literatura afro-brasileira

3. Material necessário:

Cópia para os alunos de trechos do romance *A hora da estrela*, de Clarice Lispector.
LISPECTOR, Clarice. *A hora da estrela*. Rio de Janeiro: Rocco, 1999a.
Cópia para os alunos do conto "Flor de mulungu", de Conceição Evaristo.
EVARISTO, Conceição. Macabéa, Flor de Mulungu. In: GUIMARÃES, Mayra R.; MAFFEI Luís (Org.). *Extratextos 1* – Clarice Lispector, personagens reescritos. Rio de Janeiro: Oficina Raquel, 2012. p. 13-23.

Sugestão de leitura para o professor:

CÔRTES, Cristiane F. R. de Araujo. *As pontas de uma estrela: poéticas do silêncio em Macabéa e Ponciá*. 2016. Tese (Doutorado em Literatura comparada) – Faculdade de Letras, Universidade Federal de Minas Gerais, Belo Horizonte.
DALCASTAGNÈ, Regina. Entre silêncios e estereótipos: relações raciais na literatura brasileira contemporânea. *Estudos de Literatura Brasileira Contemporânea*,. Brasília, no 31, 2008. Disponível em:

<http://repositorio.unb.br/handle/10482/9620>. Acesso em: 4 maio 2016.
EVARISTO, Conceição. Da grafia-desenho de minha mãe, um dos lugares de nascimento de minha escrita. In: ALEXANDRE, Marcos Antônio (Org.). *Representações performáticas brasileiras*: teorias, práticas e suas interfaces. Belo Horizonte: Mazza, 2007. p. 16-21.
FERREIRA, Rony Marcio Cardoso; LEITE, Viviane Cavalcante de Oliveira. "N'A hora da estrela nasce a "flor de mulungu": Clarice Lispector e Conceição Evaristo". Disponível em http://www.ucs.br/etc/revistas/index.php/antares/article/view/5546/3163
GOTLIB, Nádia. *Clarice: uma vida que se conta*. São Paulo: Ática, 1995.
NUNES, Benedito. *O drama da linguagem*: uma leitura de Clarice Lispector. São Paulo: Ática, 1989.
SPIVAK, Gayatri Chakravorty. *Pode o subalterno falar?*. Trad. Sandra Regina Goulart Almeida et al. Belo Horizonte: Editora UFMG, 2010.

Tempo estimado: 4 aulas

PREPARAÇÃO:

Leia, ou releia, o romance de Lispector, *A hora da estrela*. Selecione os trechos em que o narrador-personagem reflete sobre a dificuldade de construir uma personagem que é diferente de seu narrador. Os trechos metalinguísticos são os mais elucidativos, por exemplo, quando Rodrigo afirma que escreve com um "prévio pudor por vos estar invadindo com tal narrativa tão exterior ou explícita" (LISPECTOR, 1999a, p. 12). A ideia de uma narrativa explícita deverá nortear o professor a respeito do dilema da alteridade relacionado à literatura. Observe que o narrador vive um conflito pela aproximação e distância que estabelece entre sua personagem. O narrador afirma que "escreve de ouvido" e que "possui mais dinheiro dos que os que passam fome" (LISPECTOR, 1999a, p. 18). Essas passagens serão o suporte para a discussão com os discentes a respeito do dilema entre literatura e alteridade. O arquivo com trechos da obra deverá deixar claro para os leitores que Rodrigo e Macabéa estão em condições muito distintas, o que confere a ele o direito à fala e a ela, o silêncio. Selecione, por fim, os trechos em que Rodrigo descreve Macabéa para evidenciar essa distância, por exemplo:

- ao dizer que a "história é exterior e explícita" e que é sua obrigação "contar sobre essa moça entre milhares delas" (idem, p. 13);
- que é seu "dever revelar-lhe a vida".

Veja como há um trabalho estético para convencer o leitor de que a nordestina só será vista ou só existirá quando ocupar as páginas de um romance. O narrador parte do princípio de que sua personagem não possui memória ou história e cabe a ele costurar os fatos de sua parca existência para torná-la real.

A leitura do artigo da professora da UnB, Regina Dalcastagnè, sugerido na bibliografia, poderá orientar o discente nas questões relacionadas à representatividade na literatura brasileira. Regina Dalcastagnè aponta em sua longa pesquisa sobre representação na literatura brasileira contemporânea a ausência do protagonismo da mulher na literatura. Apesar de se deter nos romances publicados a partir de 1990, não seria imprudência nos apropriarmos dessa reflexão para ler Clarice. As considerações sobre essa ausência, tanto da personagem quanto da autoria, que a pesquisadora tece, dialogam com a ideia de silenciamento e representatividade propostos na sequência didática. O silêncio dos grupos marginalizados é coberto por vozes que se sobrepõem a ele, vozes que buscam falar em nome desses grupos, mas também, embora raramente, pode ser quebrado pela produção literária de seus próprios integrantes. Esse é o dilema de Rodrigo S.M. : falar de um lugar ao qual ele não pertence. O professor deve perceber como a autora desenha uma trama em que a escolha por um narrador culto e burguês para falar de uma nordestina pobre e solitária no Rio de Janeiro é uma evidência das questões de representatividade que a literatura pode suscitar. É assim que a escritora elabora sua denúncia, refletindo sobre a decadência das palavras, a fragilidade humana e o silêncio "de Macabéas" das mulheres em condição de subalternidade.

Leia também o conto de conceição Evaristo "Macabéa, Flor de Mulungu". O conto já se inicia estabelecendo um diálogo com o narrador de Lispector, quando a narradora de Evaristo afirma que "viu" e não só "olhou de relance" Macabéa caída no chão (EVARISTO, p. 15, 2012). A narrativa conduz o leitor a conhecer uma outra Macabéa, em estado de floração, recém-nascida naquele conto com direito à história, memória e ao futuro. Observe que o texto se aproxima e se afasta da obra original com o intuito de preencher as lacunas que Rodrigo deixa em sua construção narrativa. Como no trecho citado em que a narradora afirma que "vê a moça e não olha de relance", clara referência à apresentação que o narrador clariciano faz de sua personagem. Busque pontos convergentes e divergentes entre as obras:

Um deles diz respeito, por exemplo, à maneira como a protagonista é vista e narrada. Enquanto S.M. afirma que vê apenas superficialmente sua criação, como um objeto construído para representar a pobreza, a narradora de Evaristo afirma reconhecer em Maca sua própria história: "E de que viver, o que escrever se não sangrassem em mim as dores da estrela?" (idem). O encontro da narradora com sua personagem se distingue da postura de Rodrigo no tocante à visão limitada que ele constrói em relação à personagem. Para o narrador, seu romance é uma história de "emergência e calamidade pública" (LISPECTOR, 1999a, p.16) "sobre uma cadela vadia teleguiada exclusivamente por si mesma" (LISPECTOR, 1999a, p.23). A autora pós-modernista toca no ponto nevrálgico da literatura e sua relação com a representatividade. Por isso cria um narrador confuso e frustrado que descreve sua necessidade de falar da pobreza e do Nordeste deslocado para o Rio de Janeiro, sua solidão, sua condição miserável, mas legítima, pois a condição de homem das letras lhe confere esse direito.

Conceição Evaristo, ao criar outra Macabéa, revela a mesma preocupação de Lispector com a representatividade, porém sob outra perspectiva. No conto, não encontraremos um narrador em conflito; ao contrário, teremos uma narradora interessada em descobrir Macabéa e se descobrir num exercício de alteridade. A autora constrói essa personagem sincronizada com a tendência de sua poética em dar visibilidade às mulheres negras no campo literário e capturá-las do estereótipo ou do silenciamento recorrentes na literatura brasileira. Clarice cria um autor personagem para trazer à baila a mesma crítica que Dalcastagnè faz em relação às personagens femininas no romance brasileiro: sua ausência ou uma presença cerceada pelo olhar masculino que cria estereótipos e engessa o lugar da mulher na literatura, na maioria dos casos, ao lado do silêncio.

O livro da indiana Gayatri Spivak é um aporte importante caso o professor deseje se aprofundar nas questões sobre silêncio e subalternidade. Nele, a crítica questiona as teorias pós-colonialistas que desejam colocar os sujeitos subalternos em cena, mas acabam por evidenciarem o silêncio que os circunda. Outro texto importante para compreender a relação entre as obras e a representatividade é o ensaio de Conceição Evaristo "Da grafia-desenho de minha mãe, um dos lugares de nascimento de minha escrita". O texto dialoga com a escrevivência, termo muito utilizado pela autora para se referir a seu fazer literário. Na concepção da autora, sua literatura passa por uma experiência que influencia no tratamento estético que cada obra recebe, pois ele pode modificar o olhar que se pode ter sobre um mesmo objeto, como é o caso da construção de Macabéa por Rodrigo S.M. e pela narradora de "Flor de Mulungu".

Para entregar aos estudantes, prepare os trechos do romance *A hora da estrela*, o conto "Macabéa, Flor de Mulungu" e uma pequena biografia de ambas as autoras. Sugerimos uma seleção de trechos do ensaio de Evaristo e do livro de Nádia Gotlib, indicados nas referências desta sequência.

INTRODUÇÃO

Caso sua escola trabalhe na perspectiva dos estilos literários, ao abordar o Modernismo brasileiro, na geração de 45, chame a atenção dos alunos para a questão da representatividade que começa a se desenhar na literatura a partir da primeira geração, numa retomada do nacionalismo oitocentista, em que o típico e popular brasileiro entra em cena. Discuta sobre a construção de personagens clássicos já estudados, como Fabiano, de *Vidas Secas*, ou Macunaíma, do romance homônimo de Mário de Andrade. Procure suscitar na turma questões sobre esses tipos e pensar se não estariam representando estereótipos desses sujeitos na sociedade. Na aula sobre Clarice Lispector, explique que a autora se esquiva do romance social da geração de 1930, mas constrói uma personagem capaz de problematizar toda a questão posta pela tendência dessa geração ao criar um autor como personagem que se sente na obrigação de escrever um romance social mesmo vivendo em um contexto muito diferente daquilo que precisa escrever.

Fica a cargo do professor sugerir aos estudantes que leiam todo o romance *A hora da estrela* ou apenas as partes previamente selecionadas.

DESENVOLVIMENTO

1ª E 2ª AULAS:

Nesta aulas, os alunos devem chegar com a leitura completa ou o professor pode ler em sala os trechos previamente preparados de *A hora da estrela*.

Entregue o conto "Macabéa, Flor de Mulungu" para os discentes. O texto não é muito extenso, então sugerimos que seja feita a leitura em voz alta para explorar a sonoridade das palavras e a perspectiva poética do conto.

Deixe que os estudantes comentem as semelhanças e diferenças entre a "Maca" de S.M. e a "Béa" da narradora de Evaristo. Conduza a discussão de forma que eles percebam que há formas diferentes de se representar circunstâncias, espaços e sujeitos. Peça para que releiam os trechos previamente selecionados em que é possível estabelecer uma distinção entre os dois narradores apresentados.

Faça perguntas para ajudar os estudantes a compreenderem quem é Rodrigo S.M. e anote no quadro as características identificadas pela classe:

- que tipo de intelectual ele é?
- a que classe social ele pertence?
- como ele vê o ofício do escritor?

Os discentes devem perceber a construção de um autor fracassado, um intelectual frustrado diante do que escolheu para ser seu objeto de escrita. Traga elementos que caracterizam o Modernismo para que os estudantes percebam a construção de um autor inserido em um contexto de produção modernista. Um bom exemplo desse aspecto é o trecho que S.M. afirma não querer "contaminar com luxos a simplicidade" de sua linguagem (LISPECTOR, 1999a, p. 23). Procure dialogar a construção dessa personagem com os escritores da geração de 30. Comparar Rodrigo S.M. com o narrador de Graciliano Ramos, por exemplo, é um caminho muito interessante para fazer uma releitura da segunda geração modernista e da onda de produções histórico-sociais que trouxeram a figura do nordestino para a cena da literatura brasileira.

Leia trechos em que o narrador se diz obrigado a escrever sobre a pobreza ou ainda que a história é motivo de força maior para ilustrar essa releitura:

- "O que escrevo é mais do que invenção, é minha obrigação contar sobre essa moça entre milhares delas" (idem, p.13).
- "sou um homem que tem mais dinheiro do que os que passam fome", (p.18);

- “o que me proponho contar parece fácil e à mão de todos. Mas sua elaboração é muito difícil. Pois tenho que tornar nítido o que está quase apagado” (p. 19);
- “(vai ser difícil escrever essa história). Apesar de eu não ter nada a ver com a moça, terei de me escrever todo através dela por entre espantos meus [...]” (p. 24).

A partir dessa discussão, situe a prosa de 45 em relação à de 30, uma vez que o romance de Lispector dialoga com a temática da migração de nordestinos e com a pobreza do povo brasileiro. Há, contudo, em *A hora da estrela*, uma perspectiva mais filosófica em que é possível encontrar o dilema do intelectual brasileiro que, diante desse quadro social, se vê na obrigação de retratar essa situação a qual ele não vivenciou, muito embora se compadeça dela. Nos trechos lidos, os estudantes perceberão o dilema de S.M. que se distancia do quadro social retratado em sua obra, mas confessa que é necessário refletir sobre o assunto.

Se a classe leu *Vidas secas*, é possível estabelecer um paralelo entre Fabiano e Macabéa a partir do silêncio atribuído a cada um. Ambas personagens estão envoltas num véu de mudez que dialoga com o silenciamento a que esses indivíduos estão sujeitos, seja na literatura, seja na realidade. Para essa discussão, o texto da professora Regina Dalcastagnè dará um suporte importante.

3ª E 4ª AULAS:

Leia com os discentes as pequenas biografias selecionadas para este momento. Estabeleça as semelhanças e diferenças entre as autoras. Faça reflexões a respeito da classe e etnia a que pertencem as escritoras e procure identificar as experiências vividas que podem influenciar numa ou noutra perspectiva literária. Enquanto Lispector precisou, por exemplo, lidar com questões relacionadas à migração, ao judaísmo, perda precoce da mãe, Evaristo enfrentou a pobreza, o preconceito e o racismo.

Retome a leitura do conto de Evaristo. Indique os trechos em que há uma aproximação entre a narradora e a personagem, em oposição ao romance. Trabalhe com os estudantes o conceito de intertextualidade relacionado à obra. Leve-os a perceberem a importância da releitura para ampliar as dimensões de entendimento do texto. Chame a atenção deles para as várias referências intertextuais. Peça para identificá-las e mostre como isso confere à obra um certo valor. Seria muito enriquecedor mostrar para a classe as entrelinhas de intertextualidade na obra, como:

- a autora retrata termos importantes de Lispector como "via crucis" (título da antologia de contos *A via crucis do corpo*, 1974), "Apesar de", (termo muito presente no livro *Uma aprendizagem ou um livro dos prazeres*, de 1969);
- Flaubert e Agatha Christie;
- além das referências explícitas ao próprio *A hora da estrela*, como o trecho "creio que a sofrida invenção que criavam para Macabéa doía mais no criador e, talvez, bem menos na criatura" (EVARISTO, 2012, p. 15), uma fina ironia que coloca como exagerada a postura de Rodrigo diante dos possíveis sofrimentos de sua Maca; ou ainda "e enquanto Macabéa em sua meia morte balbuciava parte de sua história, eu não tive dificuldade alguma para entendê-la" (idem, p. 20), em que a narrativa deixa clara a dicotomia instaurada entre a narradora e Rodrigo, que mal entendia o que Macabéa dizia.

A partir dessa oposição, explique como o diálogo que a narradora do conto estabelece com Rodrigo é válido, pois evidencia a importância do uso da linguagem na (des)construção dos discursos, seus sujeitos e identidades. O distanciamento traduzido na mudez e nulidade do texto original é substituído pela identificação da sabedoria e sapiência por parte da protagonista Béa (codinome escolhido para designar a protagonista do conto). Utilize trechos em que a trama coloca narradora e personagem numa mesma esfera de pertencimento para indicar essa oposição:

- "dor e aflição também me consomem", afirma ao descrever a quase-morte de Béa (idem, p. 20);
- [...] "eu não preciso de nenhum ardil para garantir que Macabéa, a Flor de Mulungu, sou eu. Tal é a minha parecença-mulher com ela. Repito, sou eu e são todos os os meus" (idem, p. 16).

Mostre para os discentes como o conto possibilita uma leitura suplementar ao romance por criar um novo olhar para o protagonismo de Macabéa, diferente da ótica de Rodrigo S.M.. Veja se a classe pode perceber que recriar a personagem a partir da experiência, memória e história feminina, pobre e negra, constrói uma nova perspectiva sobre as diversas identidades presentes na sociedade e esvazia o discurso opressor já denunciado por Lispector.

Um trecho muito significativo da obra está na indisposição de Béa por ouvir na cidade apenas um irritante tec-tec-tec. Estimule os discentes a pensarem sobre esse som:

- Está relacionado aos grandes centros urbanos?
- Pode remeter a quais situações?
- É uma onomatopeia de quais objetos?
- Que tipo de mensagem esse ruído pode transmitir?
- É um som agradável?

Leve-os a fazerem inferências capazes de indicar uma distinção entre o lugar de origem de Béa, em que a linguagem era mais afetuosa, e o lugar atual em que as pessoas só se comunicam com ruídos. Esse trecho possibilita compreender o silêncio de Béa como uma opção para evitar seu próprio desgaste, já que aquela era uma linguagem à qual ela não pertencia; retome a imagem de Fabiano, em *Vidas Secas*, para indicar os tipos de silêncio que a literatura pode representar. O conto dialoga com uma perspectiva contemporânea em que a subjetividade se reduz ao estridente som de "tec-tec-tec". O professor pode explicar que o som nos remete à ultrapassada máquina de escrever, mas também à obsessão pela "tec-nologia" que pode ser também um fator de exclusão. A partir das perguntas feitas, deixe que a classe relacione esse trecho com momentos da vida real que há um distanciamento entre as identidades e os locais por onde transitam.

Posta a discussão, faça um quadro comparativo na lousa. Peça para os discentes completarem com as descrições relacionadas à Maca, de S.M. e à Béa, Flor de Mulungu. Evidentemente, haverá uma grande discrepância entre as duas, de um lado, encontrarão, para Maca, termos como:

- "cadela";
- "cabelo na sopa"
- "chuva rala";

De outro, para Béa:

- "Flor de mulungu";
- "Sapiência ancestral";
- "competências não anunciadas";
- "estrela".

Associe os trechos à construção de cada narrativa e à pequena biografia feita sobre as autoras. Leia o último parágrafo do conto novamente para indicar como Béa representa uma voz coletiva, em contraponto à solidão descrita por S.M..

Finalize a reflexão apontando os caminhos de representatividade que a literatura pode denunciar. De um lado, eles tiveram acesso a um romance que tem como autor personagem um homem, burguês, um intelectual letrado; de outro, uma narradora que compartilha das experiências ligadas à exclusão, ao preconceito. Tenha o cuidado de não permitir que os estudantes caiam no maniqueísmo capaz de empobrecer o debate. A denúncia que Lispector faz ao criar um autor que não deixa sua personagem falar dialoga diretamente com a reivindicação de uma representação mais significativa que Evaristo elabora.

Mostre aos discentes que Conceição Evaristo, como leitora de Clarice Lispector, leva adiante o desejo de reverter a mudez de Macabéa, como uma negação que deva ser reparada. Macabéa é composta a partir daquilo que lhe falta, a criação do conto de Evaristo dialoga com essa concepção de ausência que desencadeia uma nova postura do leitor diante do que é negado no texto lido. Nesse sentido, o conto poderia ser lido de forma suplementar em relação não somente ao romance *A hora da estrela*, mas a todo um sistema literário carente de representatividade, como a pesquisa de Regina Dalcastagnè evidencia. Explique para a classe como um texto complementa o outro e como autores como Conceição Evaristo são capazes de rever textos canônicos e trazer uma releitura mais inclusiva que possa dialogar melhor com a representação das diversas identidades encontradas na sociedade.

AVALIAÇÃO

A avaliação pode ser feita por meio de:

- Texto dissertativo em que os estudantes possam demonstrar a compreensão sobre a composição das personagens a partir de perspectivas diferentes.
- Proposição de um seminário com outros textos em que a representatividade é relativizada. Sugestão: "Irene no céu", Manuel Bandeira e "O que não dizia o poeminha de Manuel, Márcio Barbosa; "Essa negra fulô, Jorge de Lima e "Outra Nega Fulô, Oliveira Silveira; "O navio negreiro", Castro Alves e "Navio Negreiro", Solano Trindade.
- Trabalho em grupo: os discentes podem desenvolver histórias a partir das lidas com outras possíveis Macabéas e suas distintas formas de representatividade. Por exemplo, narradas por homens e mulheres, pessoas de classes sociais distintas ou de regiões diferentes. Assim, seria possível avaliar a compreensão da classe a respeito de representatividade e criação de estereótipos.

Veja também

Filme *A hora da estrela*, de Suzana Amaral (1985).

LISPECTOR, Clarice. Das caridades odiosas. *A descoberta do mundo*. Rio de Janeiro: Rocco, 1999b.

Podcast *Negra voz*, "Entrevista com a escritora Conceição Evaristo" (2019).

Canção "O nome da cidade", de Caetano Veloso (baseada no livro de Clarice Lispector).

SOBRE OS AUTORES

Aline Alves Arruda é professora do Instituto Federal de Educação, Ciência e Tecnologia (IFMG); Mestre em Teoria da Literatura e Doutora em Literatura Brasileira pela UFMG; integrante do grupo de pesquisa Mulheres em Letras (UFMG). É coorganizadora dos livros *A escritura no feminino: aproximações* (2011) e *Memorialismo e resistência: estudos sobre Carolina Maria de Jesus* (2015).

Cristiane Côrtes é professora de Língua Portuguesa e Literatura do CEFET MG, Mestre em Teoria da Literatura e doutora em Literatura Comparada, ambos os títulos pela UFMG. Participa dos grupos de pesquisa Mulheres em Letras (UFMG), Afrodescendências na literatura brasileira (UFMG) e Trabalho, cultura e materialismo (CEFET MG). Atualmente dedica-se também aos estudos de literatura da literatura aplicada.

Eduardo de Assis Duarte é professor do Programa de Pós-graduação em Letras – Estudos Literários, da FALE-UFMG. Organizou, entre outros, *Machado de Assis afrodescendente* (3ª ed. 2019), *Literatura e Afrodescendência no Brasil* (4 vol., 2011), *Literatura afro-brasileira: 100 autores do século XVIII ao XXI* (2014) e *Literatura afro-brasileira: abordagens na sala de aula* (2014). Coordena o **literafro** – Portal da Literatura Afro-brasileira, disponível no endereço: www.letras.ufmg.br/literafro

Elisangela Aparecida Lopes Fialho é Doutora em Literaturas de Língua Portuguesa pela PUC-Minas; Mestre em Teoria da Literatura pela UFMG, com trabalhos dedicados à obra de Machado de Assis. Professora do Instituto Federal de Educação, Ciência e Tecnologia do Sul de Minas Gerais, Campus Pouso Alegre. Integra do NEABI – núcleo de Estudos Afro-brasileiros e indígenas, e coordena a pós-graduação em Educação e Linguagens. Organizou o volume *Machado de Assis, contos selecionados* (2017).

Fernanda Rodrigues de Figueiredo é graduada em Letras e pedagogia e Mestre em Estudos Literários pela UFMG. Possui especialização em Educação Tecnológica Inclusiva, Sexologia, Novas tecnologias, Gestão escolar, Supervisão, orientação escolar, Neuropsicopedagogia, Pedagogia Digital e Inovações tecnológicas. Dispõe de dezesseis anos de experiência em pesquisa e docência redes públicas e particulares do ensino básico à pós-graduação.

Margarete Aparecida de Oliveira é Mestre em Letras, Teoria da Literatura e Literatura Comparada, e Especialista em Leitura e Produção de textos pela UFMG. Professora de Língua Portuguesa e Literatura nos Ensinos Médio e Superior. Pesquisadora do Núcleo de Estudos Interdisciplinares da Alteridade – NEIA, volta-se para o estabelecimento de vínculos entre o resgate e estudo de autores e textos afro-brasileiros com o trabalho de educadora voltada para o letramento literário e a formação de leitores.